新潮文庫

あの夏の正解

早見和真著

新潮社版

11628

二〇二〇年五月二十日、全国高等学校野球選手権大会の中止が決定した。

以下は、その決定を受け、僕が同年五月二十二日付の『朝日新聞』に寄稿したコラムである。

高校まで僕も野球をやっていた。神奈川県の桐蔭《とういん》学園という学校で、最上級生時の秋には県大会、関東大会と優勝し、春のセンバツ甲子園の出場をほぼ確定させていた。たった十六人のベンチ入り枠を目指して、冬の間は必死に練習に励んだ。そして、そろそろセンバツ内定の一報が届こうかというときだった。一九九五年一月十七日。甲子園球場のある阪神エリア一帯を、M７・３の大地震が襲った。

テレビから流れてくる被災地の映像に胸を締めつけられはしたものの、正直、寮生活で、野球づけの毎日を過ごしていた僕らにはどこか他人事《ひとごと》だった。

しかし、僕たちは突然その渦中に放り込まれた。震災の一週間後くらいから、どこからともなく「今年の春は甲子園が中止になる」といったウワサが舞い込んできたからだ。

本音を言えば、是が非でも開催して欲しかった。東京ドームや倉敷マスカットスタジアムでの代替開催といったウワサも聞こえてきたが、そのときになってはじめて僕は自分が「高校野球の全国大会」を目指していたわけじゃないのだと知った。幼い頃から苦しい練習に耐えてきたのは、ひとえに「甲子園」のためだったと知ったのだ。

結局、その年のセンバツは甲子園で開催された。高校野球につきものの吹奏楽部の応援は禁止されたし、いまでも夢に見るほど憧《あこが》れたベンチ入りも叶《かな》わなかったが、それでも大会は甲子園で開催され、補欠の僕にも多くの景色を見せてくれた。

だから、球児の甲子園に憧れる気持ちには寄り添えたとしても、それを奪われた人間の思いは代弁できない。指導者も、記者も、教師も、保護者も経験したことがなく、誰も答えめいたものさえ導き出せない出来事にいまの高校三年生は直面しているのだ。その気持ちを正しく推し量れる大人はいない。

つい先日、僕の住む愛媛県松山市の済美《さいび》高校の中矢太《なかやふとし》監督と話をさせていただいた。甲子園の頂点を目指そうという強豪チームの監督でさえ、選手たちにかけるべき言葉を懸命に模索しているようだった。

十八年間の憧れを奪われようとしている子どもたちにかけるべき言葉だ。しかも、選手それぞれで立場は違う。夏の活躍を約束されていた選手も、ここで野球に区切りをつけようとしていた選手も、ひょっとしたらこの夏に一躍脚光を浴びたかもしれない選手も、ただ野球が好きで続けてきた選手も……。全員が等しく最後の甲子園に憧れていながら、全員に等しい正解が存在しない。

選手一人ずつ、その立場や思いによって「この夏の正解」が違うのだ。ならば、自分自身で見つけてほしい。メディアが垂れ流すわかりやすい悲劇の駒《こま》としてではなく、たとえ尊敬に値するにしても大人たちの言葉でもなくて、今回だけは、自分の頭で正解をひねり出し、甲子園を失った最後の夏と折り合いをつけてもらいたい。

きっとこの先、たくさんの人たちが「あの夏の不運な球児」という目で見てくると思う。そのうち、その空気に毒され、自分自身を被害者のように感じることもあるだろう。

僕自身、十七歳のときは甲子園の開催を内心強く望んでいながら、メディアに向けられたマイクの前では「僕たちは決定に従うだけ」「いまはただ被災地の復興を祈ります」などと殊勝なことを言っていた。社会が醸《かも》し出す空気の重さを身をもって知っているが、今回だけはなんとかそれに抗《あらが》ってもらいたい。

どの大人も経験したことのない三年生の夏を過ごすすべての高校生が、十年後、二十年後の社会の真ん中に立ち、新しい言葉と考えを武器に次々と何かを打ち出していくべきだと思っている。

強豪も、弱小も関係なく、もちろん野球部だけの話でもない。この年に高校三年生だったことの意味を考えて、考えて、考えて、考えて……。

そうして考え抜いた末に導き出す、僕たちには想像もできない新しい言葉をいつか聞かせてほしいと願っています。

目次

プロローグ　二〇二〇年の夏がどんな夏だったのか、教えてほしい　15
第一章　高校野球って甲子園がすべてなのかな？　23
第二章　君たちを支えるものは何？　59
第三章　なぜ辞めずに最後まで続けるの？　89
第四章　本気で野球をやる先に何がある？　105

第五章　このまま終わっちゃうの？　129
第六章　「もの悲しさ」の正体は何？　163
第七章　最後に泣けた？　笑えた？　181
エピローグ　「あの夏」がどういったものだったのかを教えてください　199
追章　いま振り返って、「あの夏」はどんな夏でしたか？（文庫書き下ろし）　209
解説　コロナ禍の出会いが生んだ希望の物語　山本憲太郎　230

あの夏の正解

プロローグ

二〇二〇年の夏がどんな夏だったのか、教えてほしい

愛媛　二〇二〇年春

白球がライトポールを直撃した瞬間、満員に膨れあがった甲子園球場は間違いなく静寂に包まれた。あの場に立ち会っていた者たちはみんなそう証言する。

二〇一八年、夏。全国高等学校野球選手権大会。第一〇〇回の記念に合わせたかのように好ゲームの続いたこの大会において、強烈な輝きを放つ試合があった。

八月十二日――。その日、愛媛県代表の済美高校は、長い甲子園の歴史で初となる「逆転サヨナラ満塁ホームラン」という幕切れで、石川県の星稜《せいりょう》高校を下している。

済美の細身の一番打者、矢野功一郎《こういちろう》の一発で勝負が決した延長十三回のこの死闘を覚えている高校野球ファンは少なくないだろう。

ある者はグラウンドの上から、ある者はベンチから、ある者はアルプススタンドからその光景を見つめていた。

僕自身は自宅の仕事部屋のテレビでその瞬間を見届けていた。同じ日の深夜に自分の持つラジオ番組の二時間特番を控え、試合序盤はその準備に追われながら、横目で戦況を眺めているくらいだった。

それが途中から、僕は画面に釘付《くぎづ》けになっていた。きっかけは石川県に住む友人からこんなメールが送られてきたことだ。

『これは星稜楽勝か』

ボンヤリとスマートフォンのモニターを見つめ、次の瞬間に抱いたのは、おそらくは郷土愛に近い感情だったと思う。

愛媛県に移住してまだ二年やそこらという時期だった。愛着を抱くには時間が足りなかったし、済美の選手についてもほとんど知らなかった。

普段だったら笑って受け流していたに違いない。それが、どういうわけかこのときは妙にカチンときた。大切なものを傷つけられているような気持ちになり、何か言い返したくなったのだ。

だから済美が1—7の劣勢をはね返し、この年から導入されたタイブレークの末に星稜を下したとき、僕は興奮を抑えきれずにこんなメールを返している。

『済美楽勝だったな』

愛媛に住む僕に焚《た》きつけるようなメールを送ってきたのは、同じく二年前に石川に移住していた森義隆。『宇宙兄弟』や『聖《さとし》の青春』といった代表作を持つ映画監督だ。

僕の小説デビュー作『ひゃくはち』を映画化して監督デビューを果たした彼とは、その生みの苦しみを共に乗り切ったこともあり、以来、親しくつき合っている。

『ひゃくはち』は強豪校の野球部に所属する補欠球児たちの物語だ。デビュー作にはその作家のそれまでの人生がすべて投影されているというが、これはまさにそういう作品だった。あれほど俯瞰《ふかん》して書けなかった小説は他にないし、どう弁明しようとも主人公のモデルは僕自身だ。

もう二十年以上も前、僕は神奈川県の桐蔭学園という高校で野球をしていた。在学中に二度甲子園に出場したチームの中で、物語の主人公と同じようにひたすらベンチ入りだけを目指す補欠部員だった。

どうしてこのときの体験を小説にしようとしたのか。書いた二十代の頃は見て見ぬフリをしていたが、それはきっと「恨み」からだったと思う。あるいは「憎しみ」からだった。あんなに尽くした野球は、結局、自分を幸せにしてくれなかった。そんなひどく幼い負の感情に、埼玉県の公立高校で野球をしていた森も共感してくれた。

いずれにしても僕は『ひゃくはち』を世に送り出すまでまともに高校野球を見られなかったし、話題にすることも拒《こば》んでいた。

裏を返せば『ひゃくはち』ですべて吐き出したことで、ようやく高校野球と折り合いをつけられたと思っていた。一ファンとしてまた素直に野球を見られるようになったし、だからこそもう二度と書くことはないだろうとも信じていた。それが……だ。

コロナ禍による緊急事態宣言下の、二〇二〇年五月八日。石川に住む森から『今年の星稜野球部にカメラを向けようと思うんだけど、どう思う？』といったメールが送られてきた。仮にこの夏の甲子園が中止になるとしたら、彼らにカメラを向けることに意味があるのではないかというのである。

正直にいえば、すぐにはピンと来なかった。当然、僕の耳にも「夏の大会が中止になるかもしれない」というウワサは聞こえてきていたが、連日報道される新型コロナウイルス関連のあまりに膨大なニュースの渦の中で、取り立ててこの一件だけを深く考えようとはしていなかった。

それが森から思わぬメールを受け、一度じっくり考えてみたことで、はじめて自分のこととして捉《とら》えられた。

甲子園のない夏だ。

甲子園のない高校野球。

もし、万が一、本当に夏の甲子園が中止になるようなことがあったとしたら、現役の選手たちは、とくに三年生たちはいったい何を感じるのだろう。

自分のこととして考えてみようとした。でも、うまくイメージできなかった。自分があれほど高校野球に憧《あこが》れ、ひたすら打ち込み、苦しい練習に耐え、あるいはチームの中で道化を演じ、そして大人になっても裏切られたと憤《いきどお》るほど恋い焦《こ》がれていたのは、ひとえに幼い頃から「甲子園」という鮮烈な魔法をかけられていたからだ。

その魔法が効力を失ったこの夏、全国の球児たちはどう高校野球と向き合っていくのだろう。

彼らは何を失い、何を得るのか。最後に笑っているのか、泣いているのか。そもそも何をもって最後とするのか。野球に決着をつけ、次の一歩を踏み出すことができるのか。

何一つ想像することができなかった。

『俺もこっちで済美を追ってみようかな』

半分は思いつきで、もう半分は逸《はや》る気持ちを抑えて森にメールを返した。そこから決して順風満帆とは言えなかったが、森がディレクター、僕がインタビュアーを務めるドキュメンタリー番組の企画（二〇二〇年九月十四日放送 NHK BS1スペシャル『甲子園のない夏』）が立ち上がった。同時に僕自身が地元の『愛媛新聞』でルポを執筆することも決まり、松山と金沢を何往復もして、済美、星稜の両校を追いかける取材の日々が始まった。

そうして『ひゃくはち』の刊行以来、十二年ぶりに現役の高校球児と向き合いながら感じていたのは、自分が彼らの口にする言葉に、この夏を通して導き出すであろう答えに強く期待しているということだ。

新型コロナウイルスの世界的な蔓延《まんえん》という経験したことのない事態に直面し、僕は自分の書くものに悩んでいた。世界は間違いなく景色を変えようとしているのに、何がどう変わるのか、自分たちがいま何を失おうとしているのか見当もつかず、迷いがつきまとうようになったのだ。現代小説を書くことがSF小説を書くことに化けてしまったかのような、形容のしがたい違和感を常に覚えるようになっていた。

そんなときに出会ったのがこの年の高校生たちだった。

もしかすると自分が欲しているのは、高校野球や部活動だけに留まらない、このコロナ禍以降の世界を見定めるためのまったく新しい言葉なのではないだろうか――。大げさだという気もしたし、大人の感傷を押しつけすぎだという自覚もあった。何よりもきっと傷ついているはずの高校生の心の内に踏み込んでいっていいのかという恐怖があった。しかし明確に失ったものの存在があり、かつ劇的な転換期の中にいる彼らの言葉に、僕はどうしても期待してしまった。

五月以降に出会うすべての高校生にぶつけてきた問いがある。

「すべての活動を終えたとき、二〇二〇年の夏がどんな夏だったのか、教えてほしい」

これは数年後、数十年後に、きっと〝あの夏の〟と形容される高校生たちの物語だ。

そしてとうに熱い夏を終えている大人たちの物語でもある。

第一章
高校野球って甲子園がすべてなのかな？

愛媛／岡山　二〇二〇年五月十七日〜二十七日

はじめて済美高校のグラウンドを訪ねたのは、森からメールを受けた九日後、五月十七日の日曜日だった。

知人を通じて野球部の監督、中矢太にアポを取りつけたのだが、二つの理由で僕は前夜からひどく緊張していた。

一つは、野球部の監督というものに対するアレルギーに似た感覚だ。小、中、高と指導を受けた三人の監督に対して個人的な恨みはないが、僕が現役だった頃はまだ圧倒的な上意下達《じょういかたつ》の時代だった。

指導者の言うことは絶対の正義であり、たとえ間違っていると感じても口答えすることは許されない。懲罰的にベンチから外された記憶などないはずなのに、少しでも彼らの気に入らないことをすればすぐに試合に出られなくなるものと頭から信じ込んでいた。

事前に調べたネット上のインタビュー記事だけでは中矢の人間性までうかがい知ることはできず、こちらの思いが正確に伝わるのか不安だった。

二つ目は、今回の一番の取材対象が現役の高校球児であるということだ。僕もまた高校で野球をしていた人間だからよくわかる。高校球児ほど本音を口にしない人間はいないと思っている。

一つ目の理由と通じているが、小さい頃から大人に対してどう振る舞えばいいか徹底してすり込まれている者たちだ。

僕自身、高校の野球部時代に受けた新聞やテレビのインタビューで「自分の意見」を表明したことなど一度もない。それを「良いこと」とも「悪いこと」とも感じず、あまりに漠然とした「大人に求められているであろう意見」を平然と口にしていた。あの頃、誰に教えられたわけでもない「高校球児とはこうあるべき」という分厚いベールが確実にチームを覆《おお》っていた。たとえ「どうせ大人はこんな言葉が聞きたいんだろう？」と内心シラけていたとしても、そのベールを押しのけて自分の気持ちを表明するという発想さえ当時の僕にはなかったはずだ。

もちろん時代が違うし、自分が高校の頃とすべて同じとは思っていない。きっと僕は穿《うが》ち過ぎの高校生だったのだろうし、ひょっとしたら仲間たちはもっとシンプルにインタビューに答えていたのかもしれない。

しかし、裏を返せばそんな穿った見方をする僕でさえ、あの頃は無批判にそれらしいことばかり口にしていたのだ。テレビに出てくる球児たちが判で押したように同じことを言っている姿を見てしまえば、そう変わりはないと思って間違いないだろう。

今回の取材相手は高校時代の自分自身、当時の自分から大人として本心を聞き出さなければならないのだ。

そう想像するだけで暗澹《あんたん》たる気持ちにさせられた。しかも、今回は通常のインタビューとさえ違う。新種の感染症によって夏の大会が中止になるという経験をした大人が一人もいない以上、高校球児だからこう答えるべきという「それらしい意見」など存在するはずがないからだ。

そんなこちらの浮かない気持ちなどお構いなしに、松山市の中心地からおよそ十キロの場所にある済美高校野球部の専用球場は、ブルーのフェンスが印象的で、牧歌的な雰囲気をたたえていた。

五月の青空が高々と抜け、レフト後方にそびえる四国山脈は緑がまばゆい。いまにも水の枯れそうな重信川《しげのぶ》がグラウンドに沿うように流れていて、近くに養鶏場があるせいでハエが多く、肥料臭いのは難点だが、野球に打ち込むには最高の環境と思えた。

しかし、穏やかさの正体はそうした地理的な要因だけではない。グラウンドの主役であるべき選手の姿がどこにも見当たらなかったことにある。

周囲はひっそりと静まり返り、普段の様子を想像することもできなかった。僕がはじめて足を運んだ五月十七日の時点で、済美高校はまだ学校としてすべての部活動を禁止していた。そうした状況の中、中矢は僕の来訪を受け入れてくれた。

誰もいないと思ってグラウンド脇《わき》に車を停め、なんとなくバックネット裏の本部席に向かった。すると、どこかでその様子を見ていたのだろう、中矢が早足で迎えに来てくれた。

真っ先に目を惹《ひ》いたのはその巨軀《きょく》だ。身長は一八四センチの僕より少し低いが、身体《からだ》の作りがまったく違う。全体的に肉厚で、つい腹回りにも注目してしまうが、野球部の監督という職業のせいか軽快に動けそうな気配を感じさせる。

近くで対面すると威圧感はさらに増し、僕のアレルギーのせいもあるのだろうが、いまにも飲み込まれそうな雰囲気だった。言葉では歓迎してくれたが、目が笑っていないのも気になった。

グラウンドから本部席に場所を移し、名刺を交換して、持参した手土産と自著を数冊手渡した。

中矢はその中から『ひゃくはち』を抜き取り、パラパラとめくりながら、小さな息を一つ漏らした。

「どうもすみません。ぜひ読ませていただきます」

僕が監督としての中矢の一挙手一投足に注目していたのと同じように、中矢からもまた得体の知れない小説家というものを警戒している様子がうかがえた。

済美の監督に就任して四年が過ぎた中矢の経歴は野球エリートそのものだ。父、信行《のぶゆき》もまた古豪として知られる松山商業から立教大学へと進んだ元選手で、現役を退いたあとも県の審判員や母校の監督を務めている。

そんな父のもとで育った中矢も当然のこととして幼少期から野球に親しんだ。父と縁のあった松山商業への憧《あこが》れも強かったものの、より高いレベルを求めて高知県の明徳義塾高校に進学。

その最上級生時の夏の甲子園では背番号「3」をつけ、星稜高校との二回戦ではあの松井秀喜の五打席連続敬遠に立ち会った。その後進んだ専修大学でも四年間野球部に所属、のちにメジャーリーグで活躍する黒田博樹《ひろき》らと一緒に汗を流している。

非の打ちどころのない野球歴だ。明徳義塾での寮生活や、松井の五敬遠について、あるいは高校時代の恩師である馬淵史郎《まぶちしろう》との関係について、または済美初代監督の上甲正典《じょうこうまさのり》の野球観について……。

質問したいことは山のようにあったが、まずは関係を築くことに集中した。僕がやろうとしているのは、チームにとってもっとも繊細な時期に立ち会わせてもらおうということなのだ。中矢にとっても、済美にとってもプラスになることは一つもなく、ここで認めてもらえなければすべて破綻《はたん》すると理解していた。

記録用のレコーダーも回さず、最初は世間話しかしなかった。それでも中矢は尋ねればなんでも答えてくれた。

十五畳ほどの広さの本部席の空気がゆっくりとほぐれていく。僕が何よりうれしかったのは、中矢から野球のみに生きてきた人間特有の「頑《かたく》なさ」を感じなかったことだ。防御本能に近い僕の先入観を取り払ってくれたのは、中矢が「長男は野球をしていますが、下の子は興味がないようです。ピアノに夢中ですよ」と目を細めたときだった。

話題は国内に感染が広がった二月以降の活動状況から始まり、髪形をはじめとする高校野球のあるべき姿、現三年生の特徴や、中矢自身の野球観……。ようやく取材の体を成していくと、時間は瞬《また》く間に過ぎていった。

夏の終わりまでチームに立ち会わせてもらう。その許可を取りつけた最初の対面で、とくに印象に残った言葉が二つある。

一つは、済美高校の野球部監督として中矢が目指すものについて。

「僕はまず勝負にこだわります。だから『甲子園、甲子園』と、選手たちにはしきりに言っています。そうして甲子園という目標を定め、勝ちにこだわることの先に、人間形成が待っていると思ってやっています」

もう一つは、三日後に控えた日本高野連による夏の甲子園大会可否の発表について。

「万一、中止の決定が下された場合、中矢さんは選手たちにどういった言葉をかけるおつもりですか？」という僕の質問に対して、それまで快活に話していた中矢は一転、主《あるじ》のいないグラウンドを見つめながら表情を曇らせた。

「そうですね。僕はあいつらにどんな言葉をかけたらいいんでしょうね。まだうまく考えがまとまっていません」

三日後、五月二十日も雲の切れ間から柔らかい晩春の光が差していた。

それでも三日前と違うのは、グラウンドに選手たちの姿があったこと、そして多くのメディアが駆けつけていたことだ。

済美にとって、そして日本中の高校の野球部にとって運命の一日だ。そんな気配を微塵《みじん》も感じさせず、十六時を少し回ったところで、ひとまず選手たちは練習をスタートさせた。

彼らに浮足立っている様子は見られなかった。それより僕が気になったのは、野球の現場にあきらかに不釣り合いなマスクの存在だ。

黙想、挨拶《あいさつ》、準備体操にランニング、そしてダッシュとウォーミングアップが進んでいっても、マスクを外す者はいない。

はじめは違和感を抱き、次第に同情心が芽生え、最後は息苦しそうな選手たちの様子に胸が締めつけられる思いがした。仮にこの一時のことだとしても、いまはマスクを着用していなければ野球さえできない時期なのだ。

しきりにスマートフォンをチェックしていた中矢が、大きくため息を吐《つ》くのが目に入った。取材陣の間に緊張が走る。

時刻は十六時半を回っていた。中矢はこくりと一度うなずくと、スマートフォンをユニフォームのポケットにしまい、練習中の選手たちを一塁側のベンチ前に呼び寄せた。

マスク姿の選手たちが全速力で外野から駆けてきて、前後三列で中矢を囲む。それが普段通りの陣形なのだろう。一気に熱を帯びたベンチ前で、中矢は「少し距離をとるように」と指示を出した。むろん〝密〟を避けるためだ。

山から風が吹き下ろし、いつの間にか空には厚いうね雲が広がっている。春らしいうららかな陽射《ひざ》しは皮肉に感じるほどだった。テレビカメラにガンマイク、そして十名を超える地元メディアの記者たちが静かにその瞬間を狙《ねら》っている。

僕は少し離れた場所から中矢の第一声を待った。わずか三日前に「まだ選手たちにかける言葉が見つからない」と口にしていた指導者のメッセージだ。どんな第一声を切り出すのか、息を詰めて見守った。

中矢はしばらく口をつぐんだまま、一列目の選手たちの顔を順に見渡していった。練習用ユニフォームの汚れ具合から、彼らが三年生なのだろうと推測する。何かを振りほどくように「ええー」と声を張ったあと、中矢は訥々《とつとつ》と語り出した。

「残念な報告をせんといかんことになりました。みんなもニュース等でうすうすというか、まぁ中止になるんじゃないかと、センバツが中止になって、またインターハイが中止になり、高校野球の甲子園だけはなんとか、こう、あってほしいなと、そういう思いもあったんだけれども、先ほど夏の大会が中止になったと。残念というか、無念というか。なかなか言葉にならない——」

ほとんど動かない選手たちの背中からその心の内は読み取れない。ただ、少なくともわかりやすく泣き崩れる者はいなかった。

「先日もみんなにちょっと話したことなんだけど、人生の中で自分ではどうしようもできないことはある。それをいますぐ受け入れろと言うわけにはいかないかもしれないけれど、でも受け止めんといかん。特に三年生はいろんな思いを持って、この済美高校に来てくれたと思うしね。（中略）気持ちの整理が先生もつかん。大人になってもダメやね。でも、さっきも言うたように、受け止めるしかない。このあとのやっぱり、行動がね、言動とか、また早く目標を見つけて、また努力をしていこうということになるだろうと……」

一通り話し終えると、中矢は一、二年生には練習を続けるよう、三年生には選手だけで室内練習場でミーティングをするよう指示を出した。その後、三年生の練習は各自の判断とし、帰りたい者は帰っていいとつけ足した。

一部の記者から「室内練習場の様子を撮影していいか」という声が上がったが、中矢は毅然《きぜん》と「それは勘弁してやってください」と首を振り、自らがカメラの前に立った。

二十分ほどの囲み取材を終えると、夕方のニュースで一報を打たなければならない各社の記者たちはいっせいにグラウンドをあとにした。

僕はバックネット裏にある二階の観客スタンドから、下級生の練習風景を見るともなく眺めていた。同行していたフリーのテレビカメラマンも一緒に残ると言ってくれたが、僕は彼にも帰ってもらうようお願いした。

気を遣ってのことではない。その方が中矢の本音を聞き出せると思ったからだ。大勢の前では出てこなかった本心が、相手が一人ならば出てくるかもしれない。つまりは打算からだった。

中矢は三塁側のベンチに腰をかけ、一、二年生の練習を無言で見つめていた。なんとか話しかけるタイミングをうかがっていたが、僕が一人でいるのを確認した中矢の方から「早見さん、ちょっとよろしいですかね」と声をかけてくれた。

スタンドに上がってこようとする中矢を制し、僕の方がベンチに降りた。そして「おつかれさまでした。大変でしたね」と労《ねぎら》った僕をちらりと見やると、中矢は開口一番こう言った。

「さっきの僕の話、どう思われました？　早見さんならどんな言葉をかけましたか？　正直、最後まであいつらに何を伝えればいいかわかりませんでした。僕が三年生にかけた言葉はあれで正解だったんですかね」

この取材中、様々な局面に立ち会うたびに「自分が高校生なら何を思うか」と想像していた。その最初の機会がこれだった。

しかし、正直にいえば、僕にもよくわからなかった。野球を始めたときから意識にあった甲子園を奪われたばかりの子どもたちだ。全員が納得のいく言葉などそもそも存在するのだろうか。

突然の質問に言葉が詰まったが、僕は懸命に口を開いた。

「それは僕にもわかりません。ただ、こうやって中矢さんが悩みをぶつける壁にはなれるのではないかと思っています。さっきの言葉が正しかったのか、たしかめてみませんか。三年生と夏が終わるまで向き合って、もし間違っていたと思われるのなら、そのときにあらためて声をかけてやったらどうですか」

それから一時間ほど、僕たちはいま起きていることについてたくさんの話をした。いまにも感傷的になりそうな気持ちを抑えて、僕は最後に一番聞きにくいことを中矢に尋ねた。

「今後、もし辞めたいと言い出す三年生が現れるとしたら、中矢さんは彼らにどんな言葉をかけるつもりですか？」

ついさっき自分で口にした「三年生と夏が終わるまで向き合って」という言葉が引っかかっていた。それこそ僕が現役の選手なら、甲子園に通じていない高校野球に早々と見切りをつけるかもしれないと思ったからだ。

中矢は敏感に質問の意図を察してくれた。何度か首をひねりながらも、この日はたしかにこんなふうに答えていた。

「それは、尊重してやらんといけないでしょうね。僕は選択をなるべく選手たちに委《ゆだ》ねる、そうすることが責任感を育《はぐく》むと言い続けてきましたから。辞めると決めた者がいるなら、聞き入れてやらんといかんでしょう」


事前に情報としては知っていたが、済美の野球部員をはじめて見たとき、僕は違和感を抱かずにいられなかった。

選手たちの髪形が一人ひとり違うのだ。いかにも旧来の高校球児といった坊主頭《ぼうずあたま》の選手も中にはいるが、圧倒的に少数で、大多数の者たちはどこにでもいる高校生のような髪形をしていた。

そこに一年生も三年生も関係ない。チームとしての決まり事は、各自の考える「高校野球らしさ」と、せめてもの「さわやかさ」。それだけを守った上で、自分自身で髪形を選択するのだという。

「その改革をしたいから、二年前の甲子園はどうしても勝たなければなりませんでした。高校野球ファンには球児が髪を伸ばすだけで毛嫌いする人も多いですからね。結果を残すしかなかったんです」

そう笑いながらも言い切るほど、二〇二〇年の一月からスタートさせた中矢肝いりの改革だった。

最初に一対一で話を聞かせてもらった選手、キャプテンの山田響《ひびき》も襟足《えりあし》だけは刈り上げつつ、頭頂部の髪はしっかりと伸ばしていた。

新居浜《にいはま》市出身の山田は一年生時に甲子園でベンチ入りし、あの球史に残る星稜戦でもスタメンで出場している。高校通算のホームラン数は五月の時点で二十九本。プロのスカウトもたびたび視察に訪れる注目の選手だ。

選手と向き合うことにあれほど緊張していたのに、バックネット裏の観客席で行った最初のインタビューは、思いがけずリラックスした雰囲気で始められた。

この数日前、はじめて選手たちに紹介されたとき、手に『ひゃくはち』の文庫本を持った中矢が「お前ら、これ知ってるか？」とみんなに尋ねた。

もう十二年も前に出版された本である。どうせ誰も知らないだろうというこちらの予想に反し、多くの選手がうなずいてくれ、中には驚いたように目を見開く子もいた。山田もそのうちの一人だった。

「夏の甲子園が中止になるかもしれないという情報が流れてきたとき、なんかムシャクシャして野球の映画を観《み》ようと思ったんです。それがたまたま『ひゃくはち』でした。本当につい最近観たばかりだったので、ビックリしました」

そんな幸運があったことに加え、山田にはこちらの緊張を解いてくれるある特徴があった。真剣に話を聞くときに首がわずかに前に出て、少し傾く。その仕草に可愛《かわい》げがあって、年長者の心をくすぐる愛嬌《あいきょう》がある。

しかし、そんな柔らかい空気も雑談を終え、いざ取材を始めると一変した。やはり彼の口にする一言一言が重かった。

とくに印象的だったのは「仮に愛媛で代替大会が開催されて、それに優勝できたとしたら喜べるイメージってある？」という僕からの質問に対する答えだ。

山田はどこか申し訳なさそうに表情を曇らせながらも、素直な気持ちを打ち明けてくれた。

「それは甲子園に通じてない大会ということですよね？　そうですね、いまの段階では自分は自信がありません」

「やっぱり高校野球って甲子園がすべてなのかな」

「自分たちはそう信じてやってきました。すぐに気持ちを切り替えろと言われても、なかなか難しい面があると思います」

山田がキャプテンとしてまとめるこの年の三年生は、夏の甲子園でベスト4に進出した二年前の三年生が目標だった。

一人ひとりの野球に対する意識がとても高く、それなのに選手同士の仲がいい。逆に各人が分断しがちで、大一番でまとまりを欠いた一つ上の先輩たちを反面教師としていた部分もあるという。

一年生の夏、山田はベンチ入りしたとはいえ、チームについていくのも必死だった。

「あの星稜戦も、負けた準決勝の大阪桐蔭戦も、甲子園での試合はすべてよく覚えています。同い年にこんなすごい選手がいるのかという驚きもありました。そういう経験を同級生にもしてほしくて、今度は自分がみんなを甲子園に連れていきたいとずっと思ってやってきました」

二年生の春、夏と、一つずつそのチャンスが潰《つい》えるたびに、山田は焦《あせ》りを募らせた。だから先輩たちが引退し、最上級生となり、キャプテンに就任した二〇一九年八月の新チーム練習ではとことんまで自分たちを追い込んだ。

春の甲子園に通じるその年の秋の愛媛県大会は、決して盤石《ばんじゃく》とは言えなかったが、しっかりと結果を残した。

中予地区予選　○11―1伊予（五回コールド）
一回戦　○5―0宇和島南
準々決勝　○11―1松山中央（五回コールド）
準決勝　○5―3帝京第五
決勝　○15―7小松

県大会優勝という結果に山田はたしかな手応《てごた》えを摑《つか》んでいた。自分の目指したチーム作りに間違いはなく、このやり方を貫き通せば自《おの》ずと結果はついてくる。

そんな確信を深め、愛媛の第一代表として挑んだ四国大会。あと二つ勝てば念願の甲子園に出場できるというこの大会で、しかし済美は初戦で苦杯をなめることになる。高知県の第二代表、岡豊《おこう》高校に延長十回の末に4―5で敗れ、センバツ出場の道を断たれるのだ。

「絶対に行けると信じていたので、あの結果は本当にショックでした。何かが間違っているって突きつけられた気がして、選手みんなで話し合って、部室の掃除から練習に向き合う姿勢まで、とにかくすべて変えてみようと決めたんです。変えること自体はそれほど難しくなかったんですけど、それを継続していくのが大変でした」

冬の間はさらに厳しく自分たちを追い込んだ。入学してからもっともきついトレーニングにも弱音を吐く者はほとんどおらず、さらに自分自身と向き合って、今度こそみんなが一つの目標に向かっているのが実感できた。

自分たちは一回り大きく成長しているという予感を抱きながら、高校野球ラストイヤーとなる二〇二〇年が幕を開けた。

この頃にはすでに中国武漢《ぶかん》で新型コロナウイルスは爆発的に蔓延していたが、多くの日本人がきっとそうであったように、選手たちにとっても遠い異国の話でしかなかった。

しかし、国内にもウイルスは一気に広まっていく。

「最初は海外の話だと思っていたら、東京で（感染者が）出たということがニュースになって。それでもまだまだ他人事《ひとごと》だったんですけど、愛媛でも出たと聞いたときはどうなってしまうんだろうって。はじめて不安になりました」

済美野球部は二月下旬に行われた学年末試験による部活休止以降、途中数日単位でグラウンドに集まれた日はあったものの、五月の下旬までほぼ三ヶ月に及ぶ長い活動休止に追い込まれている。

四月に入ると学校も休校となり、新一年生とほとんど顔も合わせないまま寮が閉鎖。

三年生二十三名のうち山田を含む九名の寮生も帰省を余儀なくされ、いつ終わるともしれない休止期間を自宅で過ごすことになる。

「春のセンバツが中止になったときや、寮に戻り、ゴールデンウィーク明けに再開した練習が数日でまた自粛に追い込まれたときも不安はありました。でも、自分が本当の意味で苦しくて、心が折れそうになったのは、五月十五日からの五日間です」

五月二十日の日本高野連による夏の甲子園大会中止の決定を、山田は「ある意味、落ち着いた気持ちで受け止められた」と口にする。

それよりも苦しかったのは、その五日前にあるネットニュースを目にしたことだ。それは『スポーツ報知』が特ダネ的に報じたこんな見出しの記事だった。

〈夏の甲子園、中止へ　センバツに続きコロナで球児の夢が…〉

それから眠れない夜が続いた。寮は個室で、感染予防の観点から仲間同士の部屋の行き来すら禁止されている時期だった。

ベッドに横になると不安で胸が押しつぶされそうになり、気づけば二時、三時ということばかりだった。自宅から通っている副キャプテンの山本竜介と延々と電話で話していた夜もある。

「自分はこんなにも甲子園に憧れていたんだとはじめて知った気がしました。それまでなんとか夏はあるって信じようとしていたんですけど、あの十五日の報道とそれからの五日間は本当にきつかったです」

だから中止の正式決定を聞いたときはどこか気持ちが軽くなった。山田は気丈にそう話すが、もちろんすべての三年生がそうだったわけではない。

山田と毎日のようにやり取りしていた山本は「本当に胸が苦しくて。人生で一番泣いた夜でした」と語り、セカンドの控えの渡部塁也《わたなべたかや》は「ああ、これで全部終わったんだと不思議な解放感がありました」とその夜のことを振り返る。

山田は二十日から一週間の三年生の精神状態をキャプテンとしてこう見ていた。

「自分たち、学校からグラウンドまで十一キロくらい距離があって、それを自転車で来てるんですけど、ここに来るまでの間、なんで甲子園ないのに練習せなあかんのとか、なんでしんどいことしなあかんのってヤツは正直います。自分たちの代《だい》って案外団結力が強くて、とりあえずいまは全員でがんばろうという空気ではあるんですけど、腐ってるヤツはやっぱりいますね」

言うまでもなく、高校球児が厳しい練習に耐えられるのはその先に大きな目標が、もしくは見返りがあるからに他ならない。球児に限らず、すべての高校生が、大人だって同じだろう。試験がないのに勉強できる人間は多くないだろうし、対価のない仕事に心血を注げる人はそういないはずだ。

夏の甲子園の中止が決定した直後から、全国の都道府県高野連は従来の大会に替わる独自大会（代替大会）の開催の検討を始めた。香川や東京は早々に開催の方針を発表し、愛媛も協議する旨《むね》をその日のうちに示している。

しかし、当初は真偽の定かでない情報が山のように飛び交っていた。とくにリアリティをもって語られ、選手たちが耳を疑ったのは、県を東予、中予、南予の三つのブロックにわけ、そのエリア内で交流戦を一、二戦ほど行うというものだ。つまり、県のチャンピオンを決めるものでさえないという話だった。

そんな思い出作りのような大会のためにこれから数ヶ月の厳しい練習に耐えられる気がしなかった。自分たちはなんのために野球をしようとしているのか。そもそも自分たちは何をもって引退することができるのか。

三年生のその疑問に応じようとしたのは中矢だった。五月二十日からの一週間で、もっとも考えが変わったのは間違いなく中矢だ。

つい先日「辞めようとする者は止められない」と言っていた人間の考えが、たった数日の間に「最後まで一人も辞めさせない」に変わっていた。練習中どこかお客さまのように扱っていた三年生を、厳しく叱咤《しった》するようになっていた。

中矢はなぜ翻意したのか。

「キャプテンを中心に、三年生がなんとか前を見ようとしているのを感じていましたからね。苦しそうなあいつらを見ていたら、たとえ強引にでも自分が引っ張っていくべきなんじゃないかと考えを改めたんです」

正直に記せば、僕はこの言葉には素直に同調できなかった。「選手の気持ちを尊重してやりたい」という中矢の思いにこそ共感を抱いていたし、新しい時代の指導者という期待を持っていたからだ。

そもそも引っ張っていった先に何を提示できるというのだろう。甲子園だけを目標にやってきた選手たちは、そこを目指す権利さえ与えられていないのだ。そんな彼らに何をもたらしてやれるのか。

中矢もそれを模索していた。

「とはいえ、大会の中止を覆《くつがえ》すことはできません。せめてあの土の上に立たしてやりたいと思って、甲子園の使用料を調べたりもしましたが、そういうことでもないでしょう。愛媛の代替大会が優勝を決めるわけじゃないという話も濃厚です。ならば、彼らに何を目指させてやったらいいか、本当に悩みました」

中矢には「たとえ一試合でも心から本気になれる試合ができたら、選手たちは高校野球を終えられる」という持論がある。

その考えが芽生えたのは華々しい甲子園での激闘からではない。五年前の夏、いっさいの陽の目を見ずにひっそりと行われた済美の紅白戦だ。

中矢はその試合を「私が指導者をやっている以上、絶対に忘れてはならない試合」と表現する。

高校野球に光と影があるように、二〇〇二年の創部以降、わずか十八年の間に春、夏合わせて八度もの甲子園出場を叶《かな》えている済美の野球部にも、振り返りたくない過去がある。

〈野球部いじめ問題　済美高　来夏絶望　対外試合1年禁止〉

二〇一四年九月十日付の『愛媛新聞』社会面の見出しだ。前年に超高校級と話題になったピッチャーの安樂智大《あんらくともひろ》を擁し、春、夏連続で甲子園に出場して、とくに春は準優勝という輝かしい成績を収めていた。

その翌年の八月に発覚した二年生数名による一年生部員十九名に対するイジメは、高校野球界に大きな衝撃を与えた。

初代監督で名将として知られた上甲正典が病床に伏せていた時期と重なり、日本学生野球協会から処分の発表があったのはちょうど監督不在のタイミングだった。

野球部の再建を託されて監督の任についたのは、済美で二十年間女子ソフトボール部を率いてきた乗松征記《のりまつせいき》だった。乗松は松山商業、日本体育大学、社会人の日本通運と野球の王道を歩んではきたが、高校野球の指導歴はいっさいないという体育の教員だ。

火中の栗を拾う覚悟を決めた乗松は、練習でも私生活でも選手に基本を徹底することを求めた。

そうして監督として目指したのは、一年というあまりにも長い対外試合禁止期間をなんとか短縮してもらうことだった。

「もちろん反省すべき点は反省しなければなりません。期間の短縮が簡単なこととも思ってはいませんでした。でも、当然のことながら、選手のほとんどはイジメに加担していなかったんです。彼らに連帯責任を課すことが本当に正しいのか。どこかで誰かが見てくれているかもしれない、期間が短くなることを信じて、積極的にボランティア活動などを行いながら、最後の大会を目指そうと選手たちを引っ張りました」

もちろんその原因は異なるものの、二〇二〇年に日本中で起きたことが、五年前の済美で起きていたことになる。

行われるのか、行われないのかわからない最後の大会を信じて活動を続け、そして願いが打ち破られるということだ。監督、選手の切なる願いも虚《むな》しく、日本学生野球協会から対外試合禁止処分を解く連絡は最後まで届かなかった。

その可能性が消えようとしていた頃、乗松は当時コーチだった中矢らとある計画を立てている。「三年生を送り出してやる場所」として、愛媛県内随一の球場である坊っちゃんスタジアムを借り切り、紅白戦を行うというものだ。当時校長だった野沢善《よし》浩《ひろ》の全面的な協力の下、ブラスバンドや同級生も大勢球場に駆けつけてくれた。

勝敗にまるで意味を持たないこの紅白戦こそが、甲子園でのどんな試合よりも鮮烈に記憶に残っていると中矢は言う。

「あいつらと過ごしてきた一年という時間がよみがえって、本当によくがんばったなという思いが込み上げてきてしまって。感動なのか何なのかよくわからない涙をみんなで流したのを覚えています」

たとえ甲子園に通じていなかったとしても、たとえ一試合だけだとしても、本気にさえなれたら選手は納得して引退できる。中矢は身をもってそのことを知っていた。しかし、五月のこの時点ではまだ県の代替大会には期待できそうになかった。

それならばと中矢が行ったのは、五年前と同じように自らの手でそういう試合を準備することだった。「選手たちに本気になれる舞台を提供する」という提案に賛同したのは、新田、松山聖陵、聖カタリナ、松山城南の松山市内の私立四校の指導者たちだ。

監督同士の二度目の打ち合わせを終え、少しずつ大会の輪郭が見え始めた頃、中矢ははじめて選手たちに「私学交流戦」について打ち明けた。

すでに成功体験のある中矢の表情は確信に満ちていた。しかし、僕にはその思いが選手たちにすんなり伝わるとは思えなかった。「私学交流戦」が甲子園に通じているものではないからだ。中矢がしきりに口にする「本気になれる舞台」である確証が選手たちにはない。もし今日にでも辞めたいと思っている選手がいるとしたら、中矢の口にする「最後まで」という言葉は重荷にしかならないのではないだろうか。

それでも、三年生たちは指導者の前でひとまず笑みを浮かべていた。心が折れたままの者、すでに気持ちが野球から離れている者、必死に前を向こうとしている者……。

完全にバラバラだった選手たちの心に一つの道が示されたのは間違いない。

この頃を境に、中矢やコーチの田坂僚馬《たさかりょうま》の指導にも熱が帯びていった。三年生の快活な声がようやくグラウンドに響くようになった反面、ケガ人がよく目につくようにもなった。

好事魔多《こうじまおお》しということではないだろう。新型コロナによる数ヶ月の活動休止と、わずか数日の間に起きた心の乱高下だ。気持ちが前のめりになったからといって、身体も一緒についてくるわけではない。

ゴロ捕球の際にボールを踏み、グラウンドで叫び声を上げたのは、それまで誰よりもチームを鼓舞してきた大柄な三年生だった。

二年前の夏、甲子園での星稜高校との試合以降、どこへ行っても「あの矢野の弟」と呼ばれるようになった、キャッチャーの矢野泰二郎《たいじろう》である。

「誰がいまチームを引っ張っているか」

そんな選手たちへの質問に、キャプテンの山田と並んでもっとも名前が挙がったのがこの泰二郎だった。

中止決定直後、室内練習場での三年生だけのミーティングでも、泰二郎は涙を流す仲間に向け積極的に「気持ちを切り替えよう」といった言葉をかけたという。

星稜戦でサヨナラホームランを放った細身の兄・功一郎とはタイプが異なり、泰二郎は恵まれた体格の持ち主だ。とくに太ももの逞《たくま》しさは目を惹き、一見すれば古き良きキャッチャーといった雰囲気だが、セカンドまでの送球を一・八秒台でこなす俊敏性も兼ね備えている。

その泰二郎はチームの誰にも涙を見せなかったし、愚痴を漏らさなかった。自分にはまだこの先がある。上のステージでも野球を続け、プロを目指すのだと胸の中で言い聞かせ、気持ちを奮い立たせた。両親からの励ましのＬＩＮＥにもおどけたスタンプしか返していない。

しかし、もちろん泰二郎にも甲子園への憧れはあった。ある意味においては、チームの誰よりも思いは強かったと言えるかもしれない。二年前にそのアルプス席で、兄が一躍時の人となる瞬間を見ていたからだ。

泰二郎が心の内を吐露できたのもまた兄の功一郎しかいなかった。

「夏の大会の中止が決まった二十日は、両親を含めいろいろな人が連絡をくれて、わりと普通にやり取りすることができていたんですけど、兄貴だけはダメでした。電話で慰めてくれたんですけど『そりゃ兄貴はいいよね。あんないい思いできたんだから』って愚痴をぶつけてしまって――」

小さい頃から自分の方が力は上と思っていた。身体も大きいし、打球が違う。仲のいい兄弟ではあったが、野球の実力では自分の方が勝っていることを信じて疑っていなかった。だから、まだ「功くん」と呼んでいた兄が、ポジション争いが厳しいことで知られる済美に進学すると聞いたときは、「やっていけるのか」と自分のことのように心配した。

しかし、その兄は高校に入学するとメキメキと頭角を現した。二年生の夏に早くもレギュラーとして甲子園の土を踏むと、最上級生となった夏には星稜戦でのサヨナラホームランをはじめ誰もが認める活躍でチームを牽引《けんいん》、全国ベスト4に導いている。

二人の父、正和は兄の活躍を目の当たりにした泰二郎の変化をこう語る。

「小学校、中学校と一緒に野球をしてきて、泰二郎は功一郎を見下していたところがあったと思うんです。それがあの活躍を近くで見たことで、自然と尊敬するようになったんでしょうね。高校入学後もしばらく自宅では『功くん』と呼んでいたのですが、あの甲子園を境に呼ばなくなりました」

事実、泰二郎は功一郎の活躍を誇らしく見つめていた。一方で、強烈なプレッシャーにさらされるようにもなった。

「これは大変なことになったなという思いがありました。実際にあの日から知らない人にも、ニュースでも『あの矢野の弟』というふうに言われるようになって――」

二年前の甲子園を契機に「あの」と形容されるようになったのは泰二郎だけではない。父は「あの矢野の父」と、母の美穂は「あの矢野の母」と、そして功一郎自身もまた「あの矢野」という視線を意識するようになっている。

言うまでもなく、功一郎は甲子園で誰もが憧れる体験をした。その兄は、弟が目指していた甲子園の中止という決定をどう受け止めたのだろうか。

それを知りたくて、功一郎が野球を続ける岡山県の環太平洋大学に足を運んだ。

ＩＰＵの略称で知られる環太平洋大学は、ＪＲ岡山駅からおよそ北東へ十五キロ、岡山市東区瀬戸町にキャンパスを構えている。

和気《わけ》ベースボールパークという名の野球部グラウンドがあるのは、そこからさらに北へ車で二十分ほど行った和気町の山奥だ。

梅雨の真っ只中、山には重い雲がかかり、近くの吉井川は豊富に水をたたえていた。まるではるか昔にタイムスリップしたかのような山深い景色に見とれながら野球部の寮を訪ねると、功一郎は甲子園のヒーローという雰囲気を微塵も感じさせず、どこか眠そうな顔をして出迎えてくれた。

兄弟のコントラストがおもしろかった。体型やプレースタイルの違いだけでなく、常に初々《ういうい》しい対応をする泰二郎に比べ、功一郎からは取材慣れした様子がうかがえる。ドキュメンタリー番組のディレクターとして同行した森が向けたテレビカメラにも物怖《ものお》じする気配は見せず、旧小学校の体育館を改修した室内練習場での取材は淡々と始まった。

僕が何より先に功一郎に聞きたかったのは「甲子園とはどういう場所か？」ということだった。

すでに多くの人が様々な意見を述べ、僕自身もスポーツ雑誌のインタビューなどで何度となく尋ねられている。そのたびに頭をひねった抽象的な質問に、その場所で華やかな活躍を見せた功一郎ならどう答えるのか興味があった。

「周囲の見る目が変わったり、自分で自分を勝手に追い込んだりと、プレッシャーを感じることは増えましたけど、あそこでやれた野球が人生で一番楽しいものでした。それはこれから自分がどんな環境で野球を続けたとしても変わらないと思います。いまでもあそこに戻りたいです」

功一郎が高校球児だった頃、もっとも緊張したのは最後の夏の甲子園をかけた三年生の県大会決勝だった。

　今回、五月二十日の高野連の発表を待つ時間はそのときよりも緊張した。泰二郎にも自分と同じ経験をしてほしかったし、弟ならきっとできると期待していた。二人揃《そろ》って甲子園で活躍するのが兄弟の夢だったし、自分が「あの矢野の兄」と呼ばれることを本当に楽しみにしていた。しかし、兄弟が共通して抱いたこの夏の夢は呆気《あっけ》なく打ち砕かれた。

　高校球児にとって甲子園が中止になるとはどういうことなのか。その意味をさらに突っ込んで尋ねると、功一郎の口から思ってもみなかった答えが返ってきた。

「でも、自分は泰二郎がちょっとだけうらやましくもあるんですよね」

　思わずドキリとさせられた。慎重に「どういう意味？」と質問を重ねると、功一郎は少しだけ逡巡《しゅんじゅん》する素振りを見せた。

「甲子園に行くというわかりやすい壁を乗り越えた自分たちより、泰二郎たちの方が乗り越えるものがずっと大きいと思うんです。キレイ事に聞こえるかもしれないんですけど、夢が閉ざされて、目標がなくなった中で最後までやり遂げることに大きな意味があると思っていて。甲子園で試合をしたこと以上に、自分はあそこを目指す過程に間違いなく価値があったので」

僕は功一郎のこの言葉を「キレイ事」とは捉《とら》えなかった。ワケ知り顔の評論家が同じことを口にすれば苛立《いらだ》ちを感じたかもしれないけれど、それまでと変わらない淡々とした口調、力みはないのに揺らがない視線、何よりあの場所で誰よりも鮮烈な輝きを放った功一郎の言葉には〝タテマエ〟を感じなかった。

小さい頃から夢を持つことの尊さを大人たちからしきりに教えられ、その夢を奪われた瞬間に「気持ちを切り替えろ」と言われ始めたのが二〇二〇年の三年生たちだ。

百年以上の歴史を誇る夏の甲子園で、大会そのものが中止にまで追い込まれたのは過去に二回しかない。前回は戦局が悪化した一九四一年、その前は一九一八年の米騒動による中止にまで遡《さかのぼ》る。

ほぼすべての大人が経験していないことなのだ。人とは違う経験にこそ価値があるという言説を信じるのならば、僕の中にも彼らをうらやましく感じる気持ちはたしかにある。いまこの瞬間に抱いている怒りや不安、やるせなさといった感情が将来の彼らを支えるという確信すら抱いている。

もちろん部外者による無責任な意見だという自覚はあって、迂闊《うかつ》に口に出すことは憚《はばか》られた。いまの彼らの心に響く言葉でないのもわかっていた中で、功一郎の言葉は勇気を与えてくれるものだった。

今治《いまばり》市内の兄弟の実家のリビングには、多くの写真や記念パネル、新聞の切り抜きが所狭しと飾られている。その大半が功一郎のものだ。泰二郎用に用意されていたスペースはすっぽりと空いたままだった。

その光景を思い出しながら、功一郎にあえて意地悪な質問をぶつけてみた。

「じゃあ泰二郎と立場が入れ替われるって言ったら替わる？」

功一郎はいたずらっぽく微笑《ほほえ》んだ。

「それは……ちょっとイヤですね。僕も一度はあそこでいい思いをしてしまった人間なので。だけど、泰二郎の方が得るものが大きいと思うのは本当です。うらやましいという気持ちはたしかにあります」

夏の甲子園の中止が決定して以降、善意であれ、悪意であれ、心あるものであれ、そうでないものであれ、済美の野球部員の耳にはたくさんの声が聞こえてきた。

そうしたものをすべて咀嚼《そしゃく》し、飲み込むには一週間という時間は短すぎたし、十八歳は大人じゃない。「私学交流戦」というひとまずの目標は定まったものの、選手たちはまだまだ揺れていた。

そうした状況下で起きた泰二郎のケガだった。五月二十日には兄にしか不満を漏らさなかった泰二郎が、ケガをした二十七日はグラウンドで人目も憚らず号泣している。

自分の高校野球はもうここで終わりなんじゃないだろうか。最後の最後で自分がみんなに迷惑をかけてしまうのか。

そんな失望と憤りから込み上げてきた嗚咽《おえつ》だった。

泰二郎に下された診断は「左脛骨内果裂離骨折《ひだりけいこつないかれつりこっせつ》」。

全治三〜四ヶ月という大ケガだった。

第二章
君たちを支えるものは何？

石川　二〇二〇年六月七日～十一日

僕の自宅のある愛媛県松山市から、星稜高校のある石川県金沢市へは自分の車で向かった。

連載を担当してくれた『愛媛新聞』記者の山本憲太郎の同行が叶《かな》い、交代で運転できるようになったことも理由の一つだが、それ以上に大きかったのは少しでも感染のリスクを減らせると思ったからだ。

極端に感染に怯《おび》えたり、罹《り》患者《かんしゃ》を裁いたりするような社会的な風潮には嫌悪感《けんおかん》を抱いていたが、いざ自分のこととして想像すると恐怖を覚えた。

最後の夏を迎えようとしている高校生が今回の取材相手なのだ。快く受け入れてくれた学校や保護者にも迷惑をかけるわけにいかず、文字通り「部外者」である自分がウイルスを持ち込むことは許されなかった。

この件に限らず、今回の取材には想像もしていなかった難しさが多く伴った。一番つらかったのはマスクを着用してのインタビューだ。

少しでも彼らの本音に触れるために、今回はこちらも胸の内をさらす覚悟を決めていた。高校時代に感じていた不満や、ときには指導者に抱えていた怒り、補欠としての劣等感も、自分が高校生だったら響くかもしれないと思ったことはなんでも打ち明けようとした。それがたった一枚のマスクが口もとを覆《おお》うだけで、途端に彼らとの間に距離ができてしまう感覚があったのだ。

とはいえ、文句を言っても仕方がない。与えられた条件で取材をしていくしかなかったし、ときにはそれが思いがけない効果をもたらすこともあった。この片道六百キロにおよぶ石川までの車移動もその一つだ。

同行した山本もかつて高校球児だった。今治西高校の出身で、義足の三塁手として話題になった曽我健太らとともに二〇〇三年の夏の甲子園に出場している。年齢は僕の八つ下。フットワークの軽い記者で、選手との距離を詰めるのも上手だった。

彼の愛読書が『ひゃくはち』だったというところから関係が始まり、その後『かなしきデブ猫ちゃん』という絵本のプロジェクトを一緒に立ち上げるなど、四年にわたり親密なつき合いをしてきた。しかし、お互い元球児だということを知りながら、不思議とこれまで野球の話はほとんどしてこなかった。

その山本と金沢までの八時間、野球のことばかり話していた。次々と古い記憶がよみがえった。

とくに山本が強く反応し、共感したように息を漏らしたのは、僕が自分の高校野球に対する屈託を何気なく打ち明けたときだった。

野球選手としての自分が〝ニセモノ〟だという現実を突きつけられたのは、中学二年生のときだった。

横浜市で少年野球をやっていた頃、小六ですでに一七〇センチ近くあり、ピッチャーをしていてもそうは打たれず、負けた記憶もほとんどない。ウソか本当か、プロのスカウトが見にきていたという話もよく聞いた。

一応、受験勉強はしていたが、野球推薦という形で桐蔭学園の中学校に入学した。一年生のときは「自分がプロになれないなら誰がなるのか」という高飛車な態度で野球をしていられた。万能感に満ちていたし、毎日グローブをはめるのが楽しみで仕方がなかった。それが二年生に上がる頃だ。僕はいまでも忘れられないある体験をした。

桐蔭学園は校庭の隅にある中学校のグラウンドと、設備の整った高校の専用球場とが隣接している。

三月のその日、僕は何人かの仲間と高校の練習を見にいった。入学前から〝怪物〟と評判の新一年生が、はじめてグラウンドに姿を現すのだという。

正直に言えば「どれほどのもんだ」と疑う気持ちが強かった。僕が在学していた一九九〇年代の母校は黄金期と呼べる時期で、のちにプロに行く選手が何人もいた。もちろん、中学生の目から見ても先輩たちの技術は際立《きわだ》っていたし、憧《あこが》れを抱かされる選手もたくさんいた。でも、敵《かな》わないと感じたことは一度もなかった。いつか自分も高校に上がり、高いレベルで練習すれば、彼らくらいにはなれるのだろうとどこかタカを括《くく》っていた。

そんな僕の鼻っ柱を、その新一年生は簡単にへし折った。スイングの美しさ、聞いたことのない打球音、いつまでも空から落ちてこないボール、打席の中での洗練された所作まで……。

仲間たちがその一挙手一投足に大騒ぎする中、僕は一人言葉を失っていた。それから二十五年以上の年月が過ぎたある日、そのとき一緒に練習を見ていた友人の一人が「あの日の早見の顔、いまでも印象に残ってる。傷ついてるんだってすぐにわかった」と教えてくれた。

圧倒的な〝ホンモノ〟との出会いだった。その新一年生の名前は高橋由伸《よしのぶ》といった。のちに日本の野球界を背負って立つ名選手になることなど知る由《よし》もなく、僕はただただ絶望していた。

「こういう人がプロに行くのか」という予感は、なぜか「自分はプロにはなれないのだ」という諦《あきら》めに化けた。それから間を置かずして、僕はメンタルに起因して自由にボールを投げられなくなるイップスという症状に陥った。

イップス自体は一年ほどで克服したが、たとえ周囲がどう見ていたとしても、そのときの僕はもう十人並みの選手に成り下がっていた。高校で野球をすることはもはや恐怖でしかなく、しかし推薦で入学した以上は野球をするしか選択肢がなくて、高一の入寮時ほど憂鬱《ゆううつ》に駆られた記憶はない。

でも、高校の野球部で過ごした二年半は驚くほど楽しかった。月並みだが、チームメイトに恵まれたのが一番の理由だ。仮に人生を三年ずつ区切るとしたら、あの時期ほど友人と濃密に過ごした期間はなかったと思う。

都会の進学校の野球部らしく、斜に構えた連中ばかりで、彼らと「甲子園」について熱く語った記憶はほとんどない。それでも当時の僕たちが強く結びついていられたのは、全員が同じ思いを共有していたからに他ならない。

あの頃、僕たちは確実に甲子園という魔法にかけられていた。

そもそも僕が桐蔭学園という学校に憧れたのも、小五のときにテレビで観《み》た春のセンバツがきっかけだった。少年野球チームの先輩がエースとして活躍し、準決勝で愛媛県の代表校、上甲正典の率いる宇和島東高校と延長十六回という死闘を演じた末に負けた試合を、僕はテレビにかぶりついて応援していた。

そのとき憧れた高校に入学してからは、プロ野球の選手はおろか、レギュラーになるイメージさえ抱けなかったが、自分もそんな場面に立ち会いたいという願いが消えたことは一度もなかった。

だからあの頃、僕はベンチ入りするためにひたすら考え続けていた。野球部寮の寮長を務めたのも、新年会でみんながイヤがるひょっとこのお面をかぶったのも、オープン戦に来た仙台育英高校の選手たちがベンチで昼食を食べている間、監督に言われるままマウンドで少年隊の『仮面舞踏会』を踊りながら歌ったのも、すべて同じ理由からだった。野球エリートばかりのチームの中で、何をすれば自分が必要とされるかを懸命に考えた結果だ。野球の実力の及ばない自分にとって、それが甲子園のベンチにつながる唯一《ゆいいつ》の方法と信じていた。

結局、甲子園でベンチ入りすることは叶わなかったし、だから当時の自分を肯定するつもりは微塵《みじん》もない。

もっと言えば、高校野球に対する恨みの源泉はここにあるのだと思っている。自分はこんなにも恋い焦《こ》がれ、思いも、プライドも、時間も、何もかも捧《ささ》げてきたのに、相手は最後まで振り向いてくれなかったという、つまりは逆恨みだ。

そう自覚はしつつも、しかし少なくとも小説家としてのいまの自分の基礎は決定的にあの二年半で形成されているとも思う。

タレント揃《ぞろ》いのチームの中で、僕は必死に自分の居場所を探し続けた。天才ばかりいる小説の世界において、何を書けば作品を手に取ってもらえるか、ひいては自分という人間を見つけてもらえるのか。それればかり考えているいまと何も変わりがない。

そんなふうに「ひたすら考え続けた」と自負している僕でさえ、あの頃は記者から質問されればそれらしいことを平然と口にしていたのだ。それこそが大人の喜ぶ模範的な答えだと信じていたし、甲子園に通じているものと疑っていなかった。

甲子園の〝魔法〟とは、悪く言い換えれば〝洗脳〟だ。坊主頭《ぼうずあたま》の強制も、過度な投げ込みも、「水を飲むな」という言説も、振り返ればあきらかに普通じゃないものがそこかしこにあった。

そうした疑問を表明できないだけならまだしも、違和感さえ抱けない者も少なくなかった。すべてが甲子園に通じているという強烈なまでの刷り込みが、選手から思考することを平気で奪い去っていた。

しかし、今回だけはその魔法が通用しない。甲子園のない夏なのだ。「どうして自分は野球を続けるのか」ということから始まり、選手たちは自らの頭で考えなければならないことばかりである。苦しみ、悩み、もがいた先に、彼らは自分たちの言葉をきっと得る。

愛媛でその思いを強めながら、僕は星稜高校のある金沢に向かった。

まさかそこで由伸さんと同じ〝ホンモノ〟の匂《にお》いをさせる選手に出会うことなど、夢にも思っていなかった。

星稜のリスタートは遅かった。五月の連休明けに練習を行った済美から遅れること一ヶ月、星稜の全選手がグラウンドに集まったのは六月八日の放課後だ。

およそ二ヶ月ぶりとなる練習再開の日、社会科の教員も務めている監督の林和成《かずなり》は、昼休みを利用して対面の場を設けてくれた。

場所は、学校から歩いて十分ほどの距離にある専用の野球場だ。高台の住宅街の中にポッカリと開けたグラウンドは、歴史を感じさせる設備や甲子園出場を祝った石碑、スコアボードに記された『星稜高校　甲子園がまってるぞ！』の文字など、目を惹《ひ》くものがたくさんあった。中でも僕がもっとも感慨深かったのは、ここがあの松井秀喜を育《はぐく》んだグラウンドであるという事実だ。

その頃に設置されたという〝松井ネット〟が、ライトフェンスの後方にそびえている。その先にある民家が、松井がバッティング練習中に狙《ねら》って打っていたという元監督（現名誉監督）の山下智茂《ともしげ》の自宅だろうか。

バックネット裏の本部席で、同行したディレクターの森がはじめにテレビの企画について説明した。

その間、僕は静かに林を観察していた。細身で、一見すればやり手のサラリーマンといった風貌《ふうぼう》だ。マスクのせいで表情は読み取りにくかったが、眼光は鋭く見える。現役時代は星稜で松井の一期下、あの明徳義塾戦でも二番ショートでスタメン出場し、五回にはレフト前にヒットを放っている。

つまり、甲子園を揺るがしたあの歴史的な試合に林と済美の中矢は居合わせていたということになる。そしてなんの因果か、それぞれがキャリアを重ね、それぞれのチームを率い、二〇一八年には延長十三回のあの死闘を演じているのだ。山下智茂、上甲正典と、ともに高校野球史に名を刻むカリスマに監督論を学んでいる点も興味深い。

飄々《ひょうひょう》とした語り口で、中矢同様、林もこちらの質問になんでも答えてくれた。この日は挨拶《あいさつ》だけと思っていたが、気がつけば二時間もの時間が過ぎていた。この初対面の場で、僕にはどうしても林にぶつけてみたい思いがあった。

二〇一九年の夏の甲子園。星稜は同年のドラフト一位でヤクルトへ進んだピッチャーの奥川恭伸《おくがわやすのぶ》と、同じく五位で巨人入りしたキャッチャーの山瀬慎之助《しんのすけ》という強力なバッテリーを擁し、二十四年ぶりに決勝に進出している。

石川県勢史上初となる甲子園優勝に目前まで迫ったチームにおいて、実に六人もの二年生がベンチ入りしていた。

最上級生となってチームを引っ張るこの六人は、前年夏の決勝での敗戦を、そして甲子園のないこの夏の出来事をどう捉《とら》えているのだろう。

前年、最後の最後で甲子園に忘れ物をしてきた選手たちだ。優勝した履正社《りせいしゃ》を除く日本中の球児たちが抱いた敗戦の悔しさに、星稜の選手たちだけは「あと一歩」という思いが加わる。

「星稜の三年生たちほど、この夏の甲子園中止という現実に思うことのある選手はいないのかもしれませんね」

そんな僕の問いかけに静かにうなずき、林は二人の選手の名前を挙げた。一人は、前年のチームでも四番を打っていたキャプテンの内山壮真《そうま》。もう一人は、その内山とともにクリーンアップを任されていたサードの知田爽汰《ちだそうた》だ。

「とくに知田は去年の決勝の履正社戦、ダブルプレーで最後のバッターになっているんです。彼にしてみたら、自分の一打で石川県民が長年夢見てきた優勝が消えてしまった。あそこでヒットを打っていればという夢を何度も見てきたと思うんです。この一年、知田は甲子園での悔いを晴らしたいという一心でやっていました。甲子園中止という事実を、たしかに彼が一番重く受け止めているのかもしれませんね」

そう淡々と口にする林もまた、当然ながら痛恨の思いで甲子園中止の決定を受け止めた指導者の一人だ。

林は前年の決勝進出の、「二十四年ぶり」という年月の意味を痛感していた。いつかまた優勝を狙えるなどとのんびり構えていたら、次に決勝に進むまでにまた四半世紀もの時間を要してしまう。

そう思うからこそ、決勝戦の雰囲気と敗戦の悔しさを知っている選手たちが中核を担《にな》うこの年のチームに懸けていた。

新チームが発足して以降、林はことあるごとに「甲子園の借りは甲子園でしか返せないぞ」と、選手に発破をかけてきた。

選手たちもそんな林の気持ちに応《こた》え、前年秋の石川県大会、そして北信越大会と優勝し、春のセンバツの切符を確実なものとした。どちらの大会でも決勝でぶつかった日本航空高校石川を、16―2、19―1という大差で破る、圧倒的な強さを誇っての優勝だった。

甲子園での雪辱を胸に、星稜の選手たちは驕《おご》ることなく冬の厳しい練習とも向き合った。そして年が明け、一月二十四日には正式にセンバツ出場が決定。心技体が充実し、あとは大会で暴れるだけだと思っていた。しかし待ち焦がれた春がようやく訪れ、迎えた三月十一日、そんな彼らの耳に届いたのは新型コロナウイルスの蔓延《まんえん》を受けてのセンバツ中止という一報だった。

そのときの選手の様子を、林はこう振り返る。

「彼らの言葉ではなく、表情から心の内を読み取ろうとしたんですけどね。こちらの想像をはるかに超えて、選手たちは気持ちを切り替えられているようでした。私が最初に二十分くらい話をして、そのあとに選手たちがそれぞれ話したんですが、小俣諒《こまたりょう》侑《すけ》という一年生の控え部員が突然『人間万事塞翁《さいおう》が馬』と言い出したんです。その言葉にみんながドッと沸いたり、笑ったりして。すごく明るい雰囲気だったのが印象的でした」

自身が現役の頃より、いまの選手たちははるかに大人。気持ちの切り替えもスムーズだった。林はそう話すが、春と夏とでは意味合いが違うはずだ。選手たちがセンバツの中止時に踏ん切りをつけられたのは、まだ夏にチャンスがあると、前年の雪辱を果たせるチャンスが残っていると思えたからに違いない。「たしかにショックの度合いは春とは比較にならないでしょうね」と、林もその点を認めている。

ならば、もし今回の決定を受けて心が折れてしまう選手がいるとしたら、辞めたいと言い出す選手が出てきたとしたら、監督としてどう受け止めるのか。済美の中矢にしたのとまったく同じ質問をぶつけてみた。

逡巡《しゅんじゅん》する表情を浮かべた中矢とは異なり、林は毅然として首を振った。

「他校の野球部の先生からも似たような相談を受けたのですが、もし仮にそんな選手が出てきたとしても、私は辞めることを許しません。このグラウンドで、この仲間たちと野球をして、何かを習得することがもっとも大切なことなので。やっぱりそこはブレたらいけないと思うんです。辞めると言ってくる子はいないと思っていますが、もし仮にいたとしても私は絶対に認めません」

春のセンバツに続き、夏の大会の中止が決まった五月二十日、林は『星稜で野球をやってきた証《あか》しをみんなで作ろう。甲子園以上の思い出を星稜グラウンドで作ろう』というメッセージを、LINEを通じて三年生に送っている。

精神論によるものではない。当の林自身が、一年生時の夏のベスト4進出や、明徳義塾戦の五敬遠といった甲子園で注目を集めた数々の試合より、星稜のグラウンドで過ごした過酷な練習の日々を記憶に残しているからだ。

「野球をするために星稜に入ってきて、自分は最後までやり切った、みんなでこれだけしんどい思いをしたということの方がはるかに心に刻まれているんです。コロナでこんなことになったけれど、最後の二ヶ月、俺たちが一番練習をやったよねっていうものを彼らに残してあげたくて。それは甲子園以上に大切なことなんじゃないかと思うんです」

林への最初のインタビューを終え、いったん昼食のために外に出て、十五時に再びグラウンドに戻ってきて僕は目を疑った。二十人を超えるメディア関係者と、十台以上の新聞、テレビのカメラが選手の到着を待ちかまえていたのである。

はじめはその理由がわからなかった。甲子園の中止が発表された五月二十日ならいざ知らず、すでにそれから三週間近くが過ぎている。石川県内の学校の部活動がこの日いっせいに再開され、その象徴として星稜の野球部にマスコミが集まったのかとも考えたが、それにしては記者の数が多すぎる。

結論から言うと、星稜野球部の再始動だけが理由だった。石川県内における星稜の存在感をまざまざと見せつけられた気持ちだった。いくら前年夏の甲子園準優勝校とはいえ、一つのクラブの活動再開にこれほどのニュースバリューがあるなんて想像もしていなかった。

カメラの待ちかまえる丘の上のグラウンドに、授業を終えた選手たちが続々と集まってくる。

みんな気持ちのいい挨拶をしてくれるものの、強豪校にありがちなドスの利《き》いた声ではない。

それに限らず、はじめて目にする星稜の野球部は、良く言えば自然体で、悪く言えばつかみどころがなかった。みんなで練習の準備をしているが、規律正しいというわけではなく、ともすればのんびりしているようにも見える。いざウォーミングアップが始まってからもその印象は変わらなかった。

至るところで笑顔が見られ、先輩、後輩の区別もほとんどつかない。想像する強豪校のイメージとは違っていた。

気を緩めれば「甲子園のない夏」という取材のテーマを忘れそうになった。僕はただ純粋に星稜の強さの秘密を知りたくなり、気づけば彼らの動きを目で追っていた。

新型コロナウイルス対策として学校が分散登校だったため、三年生全員が顔を合わせるのがそもそも二ヶ月ぶりなのだという。

そんなことも関係しているのだろうか。ランニング中心のアップを終えて、キャッチボール、ノックと練習が進んでいっても、ブルーの練習着を身にまとった星稜の選手たちの顔から笑みが消えることはなかった。

監督の林も積極的にその雰囲気作りに加担している。マウンド上でかたまっている選手たちを見つけると「密だなぁ！　そこー！」と冗談めいた声をかけ、さらにリラックスした空気を生み出していた。

ノックを終えて戻ってきた林に、率直に練習を見た印象を伝えた。

「いつもこんな楽しそうにノックをしてるんですか？」

それとも今日は特別なのかという質問の意図を、林はすぐに察してくれた。

「いや、うちはいつもこんな感じですよ。たしかに私たちの時代のノックってもっとプレッシャーにさらされていましたよね。私もたまには意図的にピリピリしたムードを作るときがありますけど、それも五回に一回、十回に一回という程度です。練習でプレッシャーを感じてしまう選手って、結局試合でも感じてしまうことが多いと思うんですよ。無理にそれを打破させようとするのではなく、本番で動ける状態を作ってあげることが練習の本質だと私は思っているので」

再開初日の練習はあっという間に終了した。西日に照らされた一塁側のベンチ前に選手たちが集合し、多くのテレビカメラに取り囲まれる中、林に指名された三年生たちが自粛期間中に課されていたレポートを読み上げていく。

最後の甲子園を失った三年生から、これからもその場所を目指せる一、二年生へ。果たせなかった思いをつなごうとする温かいメッセージが続く中、キャプテン内山の口にした言葉はすべての三年生の気持ちを代弁しているように思え、心に残った。

「私に今できることは、一、二年生に思いを託すことです。この悔しさと今までの思いを託し、私たちの分まで甲子園で戦ってきてほしいです。それで私たちの思いが晴れるかはわかりませんが、私たちの、悔しい思いが無駄ではなかったと思えるように、一、二年生には、甲子園優勝を目指して頑張ってほしいです」

翌日から始まった選手たちへのインタビューで、僕は早くも星稜が醸《かも》し出す独特の柔らかい雰囲気の、そして強さの秘密の一端に触れられた気がした。

話を聞かせてくれた内山、知田、そしてマネージャーの中村大心《たいしん》の三人ともが、付属の星稜中学校の出身であることがヒントだった。

選手名簿を見直すと、三年生二十七人中ほぼ半分の十三人が星稜中の出身とわかった。その中にはエースの荻原吟哉《おぎはらぎんや》や、監督の長男で副キャプテンを務める林大陸《りく》らチームの主軸の名前もある。十八人いた中学の同級生のうちの十三人であり、その誰一人としてチームを去っていないというのがこの年の星稜の三年生の特色だった。

話を聞いた三人ともが、星稜中時代の練習を「とても厳しく、基礎を叩《たた》き込まれた場所だった」と振り返った。

俄然《がぜん》興味が湧《わ》いて、僕とカメラを持った森は練習の合間を縫い、高校のグラウンドから丘を下って十分ほどのところにある中学の野球場に足を運んだ。

グラウンド脇《わき》の駐車場に立つと、四ヶ所ほどで行われていた練習がいっせいに中断され、大きな挨拶の声が飛んできた。高校の野球部が強豪校らしからぬ大らかな雰囲気だったのと対照的に、こちらは中学生とは思えない厳格な規律を感じさせる。

数人いる女子マネージャーの一人が冷たいお茶を手に駆け寄ってきてくれた。「練習を見学させてもらいたい」と用件を伝えると、すぐに監督の田中辰治《たつはる》に取り次いでくれた。

グラウンドで真っ先に目を惹いたのは、高校の元監督であり、現在は星稜中学、高校、大学の三つの野球部の名誉監督を務めている山下智茂が、身振り手振りを交えながら熱心に指導している姿だった。

いまも毎朝のウォーキングとジム通いを欠かさないという山下の外見は、テレビで見ていた十五年前とほとんど変わらない。高校野球は監督こそ節制すべきという持論があると言い、林が「実は私が星稜に呼び戻してもらえたのは、タバコを吸わなかったという理由なんです」と、教えてくれた。

そんな山下や田中から指導を受ける選手たちの表情も真剣そのものだ。ここで「基礎を叩き込まれた」という高校の選手たちの言葉に説得力が増していく。緊張感に満ちた中学の練習風景の方が、イメージする強豪高校の野球部の姿に近かった。

当然、星稜中の野球部も全国に名を轟《とどろ》かす名門だ。内山らが在学していた頃には、二年生時に横浜スタジアムで行われた全日本少年軟式野球大会で優勝、三年生時にも準優勝という輝かしい結果を収めている。

〝剛〟の中学と〝柔〟の高校という印象だろうか。むろん、どちらの練習、あるいは野球が正しい、正しくないなどと論じるつもりはないけれど、言うなれば〝星稜システム〟とでもいうべき役割分担が明確に確立されているのは感じた。

林もその点に対する意識は強いらしく、入学時に星稜中出身者同士でなるべくキャッチボールをさせないなどの気配りはするものの、基本的には「中学で基礎は植えつけられているものとして選手を扱う」と話している。星稜中出身の選手たちの口からしきりに「高校に入って自主性に任されるようになった」「自主練の時間が格段に増えた」といった言葉が出てくるのは、そうしたことが要因であるのだろう。

普通の高校が三年かけて作るチームを、彼らは六年かけて育む。数日間練習を見て感じてきた星稜の雰囲気の良さ、選手同士の仲の良さはそこからくるものに違いない。

そんな見立てを率直に伝えると、主力選手の一人であるサードの知田は「それは間違いなく大きいと思います」と認めつつ、こんな言葉をつけ足した。

「でも、たとえば去年のチームも同じように星稜中出身の人は多かったんですけど、今年のように言いたいことを言い合える関係ではなかったと思います。夏の大会中止という出来事の受け止め方も、去年と今年とでは全然違うんじゃないかと思います」

では、この代の特殊性とは何なのか。知田は少し考える仕草を見せたあと、キャプテンの内山の人間性を挙げた。

「周囲に対してガツガツ言うタイプのキャプテンじゃなくて、プレーで引っ張っていく人間なんですけど、だからこそ他の選手たちが自由に思っていることを言える雰囲気が今年のチームにはあります」

マネージャーの中村は内山の特徴をこう説明した。

「練習中も大声で盛り上げるわけじゃないんですけど、他の選手に向けるアドバイスが一つ一つ的確で、みんながそれを心から信頼しています。そういう意味でも内山が引っ張っているチームなんだと思います」

実は「明るく」「楽しげ」という以外に、僕は星稜の野球部に「大人びている」という感覚を抱いていた。キャッチボール一つとってもただ声を出すことより、各自がそれぞれの課題に取り組むことを優先しているように見えるのだ。

個人練習ではさらにその傾向が顕著で、思い思いのスタイルでバットを振る選手の姿が新鮮だった。中学が強豪高校の野球部のようであるとするなら、高校はさながら選手一人ひとりが自立した大学の野球部のような雰囲気である。それを本当にキャプテンが先導しているのだとしたら……。

そんな思いを胸に、僕は内山への最初のインタビューに臨んだ。

はじめてグラウンドを訪ねた六月の時点で、星稜はほぼ丸三年、石川県内の公式戦で負けていなかった。

最後に黒星を喫したのは、二〇一七年の夏まで遡《さかのぼ》る。準決勝で日本航空石川に7―8で敗れて以来、秋、春、夏とすべての大会を通じて実に三十五連勝中という状況だった。

一八年四月に入学したいまの三年生たちは、つまりは県内での負けを一度も経験していないことになる。

そんなチームを率いるキャプテンの内山は、一年生の夏から背番号「6」を背負い、レギュラーとして甲子園でベンチ入りした。延長十三回までもつれたあの済美戦でも三番ショートでスタメン出場。九回には強烈なライト前ヒットを放ち、2点差を追いつく反撃の口火を切っている。

その鮮烈なデビュー以降も内山はチームの主軸を担い続け、甲子園には三季連続で出場した。最上級生となってからは身長一七二センチという上背ながら中学時代以来となるキャッチャーのポジションも任されるようになり、プロ注目の選手としてもたびたび名前が挙がっている。

計五回にわたって行った内山へのインタビューは、いつも独特の緊張が伴った。言葉はまっすぐで、笑顔は子どものように屈託がないのに、ハッキリとした考え方の一つ一つにドキリとさせられることが多かった。

主にキャプテン像について尋ねた最初のインタビューでも、内山は「そもそもキャプテンはやりたくなかったです。自分の野球だけしていたかった」と微笑《ほほえ》みながら、さらに確固たる自分の意見を口にした。

「監督の考えもあって、二年生の夏くらいからキャプテンというものを意識し始めて、前キャプテンの山瀬さんを観察するようになりました。良いところと悪いところがハッキリ見えるようになってきて、自分がやるときは悪いところを全部排除して、良いところだけを取り入れようと思いました」

具体的に前キャプテンの良かった点は、決め事を最後までみんなに徹底させること。逆に悪いと感じたのは、チームの問題を一人で背負い込むことだったという。

「自分は全員で問題と向き合って、全員で一つの答えを出すことの方がプラスになると考えていました。そうすれば一人ひとりが自分のことだけじゃなく、チーム全体のことを考えるようになるんじゃないかと——」

まさに他の選手の口から出てきた「言いたいことを言い合える関係」ということの代のチームカラー、強さの秘密と一致する。目指したチーム作りは成功したということか。

それを伝えると、内山は難しそうに首をかしげた。

「成功している部分もあるかもしれないですけど、成功してない部分もありました。たとえばメンバーとメンバー外も、例年のチームと比べたら分断していないのかもしれませんけど、もっといけたと思っています。僕の失敗したところです」

内山は僕の目を見たまま「でも——」と続けた。

「自分はチーム全員が同じ志であるのは無理だとある程度見切っています。自分自身、他の選手が活躍してるのを素直に喜べるタイプではないので。自分がメンバー外の立場になって考えたとき、メンバーと同じ気持ちでやれるかっていったら絶対に無理だと思ったんです。メンバー外の選手の意思でチームをサポートしてくれるのが自分の願いで、何かを強制したいとは思いませんでした。メンバーの選手ががんばることでみんなついてきてくれると信じていたのですが、そこは足りなかったと思います」

内山のこの話を聞いたとき、僕はあることに気づいた。星稜グラウンドで三日間見ていた練習の最中、そして選手たちへのインタビューの中でも、この「メンバー」「メンバー外」というキーワードを何度も耳にしていたことだ。

当初はもう少し緩やかな線引きで、この「メンバー」と「メンバー外」を捉えていた。たとえば、実力的にはあきらかに「メンバー外」だった高校時代の僕も、当然のこととしてすべての練習に参加していたし、自分の調子やチームの状況次第では「メンバー」入りすることもあった。星稜にはもっとハッキリとした区分があるということだろうか。

内山は「形として明確にわけられているわけではないですけど」としながらも、バッティングやノックに参加しているか、していないかでおおよその判断はできると教えてくれた。

この年の三年生二十七人でいえば、メンバー入りしている選手は約半数。二年生の春頃にはざっくりとした線が引かれ、新チームが立ち上がった前年夏以降にメンバー外からメンバーに入った選手はいないとのことだった。

そう言えば二日前の全体練習再開前、監督の林が「今日は三年生全員入れよ」と言っていた。

その瞬間、選手たちの表情がパッと明るくなったのを覚えている。その日から三年生は全員練習に参加していて、それは大変めずらしいことなのだと内山は言う。この三日間の練習中に感じてきた雰囲気の良さの大きな理由だった。

内山はメンバー外に対する思いを話し続けた。たとえばチームスローガンについて。新チーム発足当初は、直前の甲子園での敗戦を念頭に「日本一、日本一」と言い続けたが、そのときもメンバー外の気持ちに寄り添い、発想を変えた。

よりチームみんなの気持ちを汲《く》もうとすれば、目指すべきはチームの全国大会優勝ではないと思ったのだ。だとすれば、全員が共有できる思いとは何か。そう一人で考えたとき、中学時代から大切にしてきた一つの言葉が浮かび上がった。誠意をもって最後まで貫き通すことを意味する『至誠一貫』。ベンチに置かれたホワイトボードに、全国準優勝を記念した中学のグラウンド脇の石碑に、ふらりと入った市内のラーメン店にあった選手たちの寄せ書きにまでこの四文字が記されている。

言葉の通り、この代に途中で離脱する者はいなかった。夏の大会の中止が決まったときも、内山は辞める選手は出てこないだろうと踏んでいた。とくに信頼を置くのは、やはり中学時代から一緒にやってきた星稜中出身の面々だ。

「もう六年のつき合いになるんですけど、みんな本当に素直で、野球が好きなんです。メンバー外のみんなは試合に出られないかもしれないと理解した上で野球部に入って、これまで続けてきました。今回のことで辞める人が出るとは考えなかったです」

それでも、彼らがここまでチームを支えてこられたのは、強い星稜の、もっと言えば甲子園優勝チームの一員になりたいというモチベーションが大きかったからではないのだろうか。夏の大会がなくなったいま、彼らを支えるものは何なのか。

そんな気持ちを思い切ってぶつけてみると、内山は「そんなことはわかっている」というふうにうなずいた。

「甲子園で勝つときのようにはみんなで喜べないと思います。でも、全員で最後までやり遂げるということには意味があると思っています。残り二ヶ月、甲子園がなくてもやり切ったということに全員が意味を感じられるように、自分がみんなを引っ張ってがんばっていけたらと思っています」

練習が再開して三日目の六月十日、星稜野球部にとって青天の霹靂《へきれき》ともいうべきニュースが飛び込んできた。

春のセンバツに出場する予定だった三十二校が甲子園に招かれ、八月に一試合だけ交流試合を行うというのである。高野連による異例の救済措置だった。

林から報告を受けた選手たちは、一様にどう反応していいかわからないという戸惑いの表情を浮かべていた。「おい、うれしくないのかよ」と林にけしかけられ、ようやく顔にじんわりと笑みが広がっていく。

その日の練習終了後、林を呼び止めて率直な心境を聞いた。

「甲子園を目指すこともできない全国の球児たちは納得いかないかもしれませんが、センバツで一度は摑《つか》んでいた権利です。一試合だけですが、堂々と戦ってきます。履正社とやれたらいいですね」

どういうメンバーで挑むつもりかという問いには、慎重に言葉を選びつつもこんなふうに答えていた。

「来年以降のことを考えてフルメンバーでいくかもしれませんが、いまは三年生だけでということも頭にあります」

この数日のチームの活気を見ての言葉だろう。

しかし、ここから二ヶ月間、ふっと芽生えたこの考えに林は苦しめられることになる。

第三章

なぜ辞めずに最後まで続けるの？

愛媛　二〇二〇年六月二十二日〜二十九日

石川から愛媛に戻ってきて、最初に立ち会わせてもらったのは、松山市内の私立五校の監督が立ち上げた「私学交流戦」の打ち合わせの現場だった。

各校が持ち回りで会議室を提供し、四度目となる今回の場所は松山聖陵高校。十八時に新田、聖カタリナ、松山城南、済美各校の監督、部長十人が揃《そろ》うと、マスク姿で広く距離を取りながら、それぞれの立場から忌憚《きたん》のない意見をぶつけ合っていく。

ある学校の監督が「校長からはあまり大々的にやらないでくれと言われています。いざというときに責任が取れないと」と発言すれば、それを受けたある学校の部長が「そもそも高野連の手前『大会』という呼称を使っていいものかと。『交流戦』と称した方がまだ角が立たないのではないでしょうか」と、具体的な問題を提起する。

一回目の会議のときには開催の可否さえハッキリとしていなかった県の代替大会の兼ね合いや、観客やマスコミの入場制限について、選手の安全性の担保と、保護者からの同意書の集め方、ブラスバンドを含む生徒たちの応援の有無や、試合運営、ゲーム前ノックの時間に至るまで……。ときに白熱し、ときに笑い合いながら、誰もがこのはじめての取り組みについて真剣に議論を交わしていた。

驚いたのは今回の企画が立ち上がるまで、それぞれの監督たちが決して親しくはなかったということだ。

むろん球場で顔を合わせれば挨拶《あいさつ》くらいは交わしたが、そこはライバル校の指導者同士である。会議終了後に話を聞いたある監督は「きっかけは夏の大会の中止という最悪の事態ではありましたが、こうして各校の監督さんとつながれたのは大きな財産になりました。今回のことで終わりにせず、これからもこの関係を持続していけたらいいですね」と、笑みを浮かべた。

帰り際《ぎわ》、カメラを手にした森が中矢にしつこく尋ねていたのは、私学交流戦の位置づけについてだった。

そもそも中矢が交流戦を企画したのは「選手に本気になれる試合をさせてやりたい」という思いからだった。そのときはまだ輪郭の曖昧《あいまい》だった県の代替大会は、「八月」に「チャンピオンを決めるもの」と正式に決定している。では、その直前の七月下旬に行う私学交流戦にはどういう意味を持たせるのだろう。

中矢は森の質問にまっすぐ応じた。

「たしかに最初に五校で団結したものとは違う形かもしれません。この交流戦をどういう位置づけにするのかは、各校で決めることなのだと思います。うちとしては交流戦も、代替大会もどちらも全力で勝ちに行くということです。三年生の送別試合ではない、真剣勝負の機会が二つできたんだというふうに捉《とら》えています」

その上で中矢は「決して上げた拳《こぶし》を下ろせなくなったわけじゃありません」と、力強く否定した。

「他校の先生たちとも話し合っているのは、意地になって大会を決行するのは絶対によそうということです。たとえ直前であったとしても、（感染拡大の）第二波の気配を感じたら、そのときはいさぎよく取りやめようと確認し合っています」

その翌日、約三週間ぶりに済美のグラウンドを訪ねて驚いた。あきらかに選手たちの顔つきが違っているのだ。練習自体はかなりハードなものになっているのに、選手たちはとても明るい。にぎやかと感じるくらいだ。

キャプテンの山田にその理由を尋ねてみた。

「そうですね。あの、こんなこと言っていいのかわからないんですけど、夏の大会がなくなったことで心に余裕が生まれた気がするんです。この一球を落としたら甲子園に行けないっていう緊張感がなくなって、なんか純粋に野球が楽しいなって。こんなふうに早く練習したいと思うのって、小学生の頃以来なんじゃないかと思います」

この「練習が楽しい」「野球が楽しい」という声は、山田以外の何人もの三年生たちからも聞こえてきた。彼らもまたプレッシャーの伴わない野球について口にする一方で、ここまで三年生が一人も欠けずに来られたことをうれしそうに語っていた。

六月下旬のこの時点で「三年生ほぼ全員、思いを共有できていると思います」と、山田は目を細くしていた。

「みんなの前では強いキャプテンであろうとしていましたけど、正直、自分も最初はこんなキツい練習をしても意味ないんじゃないかと思っていましたし、二、三人は辞めてしまうかもしれないという不安がありました。でも、みんなで何度も話し合ってきて、いろんなことを乗り越えてきて、本当に理不尽だと思うことにも耐えてきたので、いまは全員が最後までやり切ることに意味を感じてくれていると信じています。全員で練習できているのが本当にうれしいんです」

この「辞めてしまうかもしれない」と思われていた選手の一人に、佐藤敦基《あつき》というサウスポーの投手がいる。五月の時点で何人かの三年生に「苦しそうな選手はいるか」と尋ねたときも、佐藤の名前はたびたび挙がっていた。

グラウンドの練習を見ていてもつい目がいくほど、澄んだ瞳《ひとみ》が印象的な選手だ。有り体に言えばイケメンのこの選手が、夏の大会の中止を受けて誰よりも苦しそうにしているのだという。

新居浜で過ごした中学時代、佐藤は他県を含む複数の高校から声がかかる注目の投手だった。その頃はとくに甲子園への憧《あこが》れが強く、だから進学はレギュラー争いが厳しいことを承知の上でもっとも近道と思えた済美を選んだ。

入学当初は他の選手のレベルの高さに面食らったが、なんとか練習に食らいついていった。その甲斐《かい》あって二年生の夏の県大会では下級生ながらベンチ入り。チームは三回戦で早々に敗れはしたものの、最終学年に向けて、ひいてはエースの座を目指して視界は良好のはずだった。

しかし、佐藤の苦悩はここから始まった。新チームになってもエースの座を獲得することはおろか、一向に結果を残せない。

チームが秋の愛媛県大会で優勝し、センバツ出場を懸けて四国大会に挑もうとする中で、佐藤はこの大会のベンチ入りメンバーからも漏れてしまう。

「あの頃から自分の将来について真剣に考えるようになりました。自分が野球をしているのは甲子園に行きたいからであって、大学野球に憧れたことはありませんし、プロ野球の選手になりたかったのも小学生の頃までです。野球は高校で区切りをつけようとこの頃に決めました。だからこそ最後の夏に四国大会のときのような悔しい思いをしたくなくて、冬の間は猛練習に励みました」

そんな佐藤にも、当然ながら夏の大会の中止の一報は届く。上のステージでも野球を続ける多くの仲間たちとは異なり、佐藤は自分の野球がその瞬間に終わったことを自覚した。

「でも、落ち込んだのは最初の一日、二日くらいです。三月のコロナ自粛で帰省したときに親ともたくさん話し合って、五月に入って夏の大会がないかもしれないという空気が流れ始めた頃には、なんとなく気持ちは次に向かっていました。野球が終わったのなら自分は勉強に切り替えたいなって」

済美の野球部員は全員「特進スポーツ科学コース」に在籍しており、佐藤を含む成績の優秀な六名が「選抜クラス」で授業を受けている。

そのクラスのほぼ全員が大学進学を目指す中、上で野球をするつもりがなく、かつ「勉強したいこともとくにないので」と話す佐藤は就職を考えた。そして「これまで野球で鍛えてきたことがきっと活《い》きる。その仕事に就いている自分を想像したらワクワクした」と次のステージに選んだのは、消防士になることだった。

調べてみると、九月に公務員試験があることがわかった。その倍率は優に十倍を超えるという。現役で合格しようと思うなら、すぐにでも気持ちを勉強に切り替える必要があるだろう。

甲子園の中止が決まった数日後には、佐藤は同じ選抜クラスの山本竜介や泉内匠之介《いずみうちしょうのすけ》らに「野球部を辞めたいと思っている」と打ち明けている。

佐藤には仲間が心の底ではどう思っているのかわからなかった。ただ、彼らの口から返ってきたのは「できれば最後まで一緒にやりたい」という言葉だった。

夏の大会中止が決定した五月以降、済美の野球部を象徴する言葉の一つに「気持ちを切り替える」というものがある。

大抵の場合……、いや、ほぼ確実に野球に集中できなくなった者に対し、前を向こうとしていた者たちがかけてきた言葉だ。いまはなんとか気持ちを切り替えて、最後までがんばろう――。

一度は野球部を引退しようと考えた佐藤も何度となくその言葉を向けられた。たしかに最後まで野球部を全うしようとしている選手の目には、佐藤が苦悩し、迷っているように見えただろう。

しかし、本人にさえその自覚はないのかもしれないが、チームの誰よりも気持ちを切り替えられていたのは当の佐藤であったとも言えるはずだ。

甲子園だけを目標にしていた自分の野球が終わった。

でも、自分には新しい目標ができた。

それを達成するために、すぐにでも野球から勉強に軸足をシフトさせたい。

とても論理的で、シンプルな考え方だと思う。決してうしろ向きの気持ちから導き出した答えではなく、むしろ積極的に自らの人生をつかみ取りにいっている。

何より周囲に流されてのことではなく、佐藤が自分の頭で考えようとしていたことに僕は好感を抱いてしまう。自分が現役の野球部員だったらどう振る舞えただろう。

佐藤の話を聞きながら何度もそんなことを考えた。

中矢も同様のようだった。そもそも監督になって以来、中矢は選手たちに選択を委《ゆだ》ねたいと考えてきた。済美の象徴の一つともいえる思い思いの髪形が好例だ。「野球部は坊主《ぼうず》にするもの」という固定観念を許さず、髪形から選手自身に考えさせたいという願いから始めたことだった。

その意味において、中矢は佐藤の考えを誰よりも認めていた。今回ばかりは一人も辞めさせないと腹をくくったばかりであり、だから佐藤に直接伝えはしなかったが、自ら勉強にシフトチェンジしようとする姿を僕に「理想的」とも語っていた。

向こうとしている方向があまりにもみんなと違い、佐藤はほとんど誰にも相談できなかった。一人で悩み、葛藤《かっとう》し、そしてようやく導き出した答えは「最後まで野球部に残る」というものだった。

なぜ佐藤は考えを変えたのか。そこにはおそらく僕の記憶にも鮮明に残っている野球部の、あるいは運動部特有の同調的な圧力もあったはずだ。

かなり言葉を嚙《か》み砕いて、しかしストレートにその疑問をぶつけてみた。佐藤もまた慎重に言葉を選びつつも、決して否定はしなかった。

「入学してからずっと一緒にやってきた仲間の中で、たとえ自分じゃなくてもこの状況で一人抜けるということになったら、最後までやろうとしている人間はつらいだろうなと思いました。自分の考えに共感してくれるヤツもいましたし、自分が辞めることで『俺も辞める』と言い出す人間もいるかもしれなかったですし、その結果チームがガタガタになっていくのはたしかにこわかったです」

幸いにも中矢が立ち上げた私学交流戦、そして県が主催する代替大会と、目指すべき試合の姿が少しずつ見えてきた。

もちろんそれらは甲子園に置き換えられるものではないかもしれないが、野球が好きだという思いに変わりはない。少なくとも二つの大会は佐藤にとって最後まで部に残る動機にはなった。

　一方で、六月に入ってからは本格的な公務員試験の勉強も始めた。練習にはみんなと同じように参加し、寮に戻ってから最低一時間は通信講座のテキストに取り組む。中矢からは必要ならば土日に模試やスクーリングを受けてもいいと言われているが、佐藤にそのつもりはないという。

「野球を最後までやると決めた以上はきちんとやり遂げたいという思いが強いです。もちろん勉強もこれまで以上にがんばります。最後まで泥臭く、みんなと真剣に高校野球をやり遂げたいというのがいまの自分の気持ちです」

　佐藤のこの決断もチームのムードに飲まれてのものと見る人間はいるかもしれない。それでも最後に浮かべた笑みはこれまでになく澄んでいて、たくましく見えた。


　済美の三年生二十三人は、結局一人も欠けることなく、誰も予想していなかった「野球が楽しくて仕方がない」という時期に突入していた。

　そうして迎えた六月二十七日。済美にとって前年十一月以来の対外試合となる川之《かわの》江《え》高校戦で、鮮烈な輝きを放つ選手が現れた。入学してから一度も一桁《ひとけた》の背番号をもらったことのない三好斗真《とうま》だ。

約七ヶ月ぶりとなるこの日の試合を、三好は心から楽しみにしていた。自宅を出る際、めずらしく親に「できれば見に来てほしい」と伝え、その第一試合で六番ライトでのスタメン出場を勝ち取っている。

ベンチの明るい雰囲気とは裏腹に、試合は緊迫した展開で進んでいった。1―1で迎えた九回裏、先頭で打席に立ったのはここまで二打数一安打一フォアボールという結果を残していた三好だった。

三好はある課題を持ってこの日の打席に立っていた。たとえ空振りだとしても、思いきりバットを振り切ること。そのテーマを見事にやり遂げたのが、この第四打席だったと言えるだろう。

カウント2ボール1ストライクからの四球目。身長一七〇センチに満たない三好の放ったボールは心地よい打球音を響かせ、ライト後方へと飛んでいく。

はじめはライトフライだと思ったという。しかし、打球はことのほか伸びていった。抜ければスリーベースを狙《ねら》えると全力疾走を怠らず、ようやく打球がフェンスを越えたと知ったのは二塁ベースを回ったときだ。

小学校から野球をしてきて、これがはじめての柵越《さくご》えだった。練習でさえ一度も打ったことがない。ベンチの盛り上がりに鳥肌が立つのを感じながら、嚙みしめるようにダイヤモンドを一周した。練習試合とはいえ、値千金のサヨナラホームランだった。僕は三好とそれまで一度も話をしていなかった。プレー中の一生懸命な姿や、他の三年生たちからの「いつも最後まで自主練をしている」という声も気になり、どこかできちんとインタビューをしてみたいと思っていた。

この活躍をチャンスと捉え、試合後に三好を呼び止めた。さぞかし喜んでいるものと思っていたが、三好に浮かれている様子はまったくない。練習中の厳しい表情そのままに……、いや、むしろどこか不満そうな気配すら漂わせている。

なんとなく不思議に思いながら、自粛期間中のことからじっくりと尋ねてみた。他の選手たちと同じように不安は感じていたが、心はまったく折れなかったという。毎日バットを振り続けていたし、一日も早くグラウンドに戻ってボールを追いかけたいと思っていた。

野球は高校で辞めると決めている。自粛期間中、万が一夏の大会が中止になるようなことがあれば大学で続けることも考えたが、それも一瞬のことだった。三好がここまで野球を続けてきた理由も佐藤と同じく、たとえレギュラーじゃなかったとしても、済美野球部の一員として甲子園に行くことだった。佐藤と一つ違うのは「あの球場に家族を連れていくのが夢だったんです」とつけ加えたことだ。

ほとんど笑みを浮かべることもなく、三好は淡々と質問に答えていた。僕がようやく違和感の正体に触れたのは、こんな質問をしたときだ。

「いまチーム状態はいいんだよね？」

当然、この数日間で目にしていた練習の雰囲気と、インタビューで聞いていた三年生の言葉が頭にあった。

三好は表情も変えずに言い放った。

「自分はムードがいいとは全然思いません」

「え、そうなの？　どういう意味？　だってみんな――」と畳みかけると、三好は少しだけ気色《けしき》ばんだ。

「みんなやる気があるとは思えません。もっと必死になれるはずだし、ワクワク感が足りないと思います。もし今日ここで高校野球が終わってしまったら、自分は『最後まで精いっぱいがんばれた』と胸を張れないと思います。絶対に悔いが残ります。四国大会で負けて、センバツを逃したときの方がまだチームは一丸でした」

あまりにも意識が高く、そしてストイックすぎるとこのときは感じた。しかし怒気を含んだ三好の指摘は、振り返れば示唆《しさ》に富むものだった。

まるでこの言葉が予言であったかのように、ここからの一ヶ月、済美は、そして遠く離れた星稜もまた通常の夏には起きえなかった理由から、苦しい場面に直面していくことになるのだった。

第四章
本気で野球をやる先に何がある？

石川　二〇二〇年七月二日〜十二日

ひと足先に松山から金沢に戻り、星稜高校の練習にカメラを向けていた森からこんなメールが届いていた。

『星稜、いまもまだメンバー外の選手たちが練習に参加している。チームの雰囲気がめちゃくちゃいい』

『あえてまだ話は聞いていないけど、林さん今年はもうこの勢いを買おうとしているんじゃないのかな』

僕が二度目の石川入りをしたのは、梅雨ど真ん中の七月二日。空には鉛色の雲が垂れ込めていた。

そのうす暗い空のせいではないだろうが、『雰囲気がいい』という森からのメールとは裏腹に、三週間ぶりに訪ねた星稜グラウンドで僕が真っ先に感じたのは、どこか重苦しい空気だった。

今回、僕は一つのテーマを持って石川にやって来た。これまでメンバー外だった星稜の選手たちがどういう気持ちで入学からの二年間、そしてこの夏を過ごしているかというものだ。

注目した選手の一人に荒井貴大《たかひろ》という二塁手がいる。いつもニコニコ笑っていて、お調子者めいた気配を漂わせている。細身ではあるがどことなく高校時代の僕自身と重なる部分があり、以前から話を聞かせてもらうのを楽しみにしていた。

金沢市出身の荒井が野球を始めたのは小学生のとき。はじめて星稜という学校を意識したのは、少年野球チームの一つ上の先輩が星稜中学に進学したことだった。その先輩から聞いた「ビックリするくらいレベルが高い」という話に興味が湧《わ》いて、荒井は受験勉強に取り組んだ。

晴れて星稜中に合格し、野球部に入部した荒井は、覚悟はしていたものの、先輩たちの体つきやプレーの質に圧倒された。

それよりもショックだったのは、知田爽汰や荻原吟哉、笠井昴己《こうき》、高木宏望《ひろみ》ら、高校でもチームメイトとなる同級生たちの実力だった。聞けば、彼らは軒並み少年野球の石川県選抜だったという。荒井はそんなものが存在していたことさえそのときまで知らなかった。

中でも一番の衝撃は、となりの富山県からわざわざ通ってきていた内山壮真という名前の選手だった。

「背も低くて、そんなにオーラもなかったんですけど、入部して数日でAチームに入っていて、ショートを守っていたんです。肩も、打球も、スイングもあまりにも自分とかけ離れていて、ああ、すごいなって、こんな選手がいるんだなって感じました」

一方の荒井は練習についていくのもやっとだった。厳しいトレーニングにすぐに音《ね》を上げ、心が折れかけたことも一度や二度じゃない。それでも唯一《ゆいいつ》自信のある守備に磨きをかけて、ひたすら試合に出る機会をうかがった。

レギュラー奪取には至らなかったが、最上級生になった新チームからはベンチ入りできるようになった。秋の金沢市大会、石川県大会、北信越大会とチームは優勝し、一目置く仲間たちと喜びを共有できたことはいまでも自慢だ。しかしひと冬を越え、静岡県で開催された春の全国大会で、荒井はベンチ入りメンバーから外れた。

「スタンドからみんなを見ていて、正直、負けてほしいという気持ちがありました。『夏優勝したときも帰りのバスの中で『俺は優勝メンバーじゃないんだよな』って。『夏はベンチに入るんだ』という思いより、腐りかかっていたと思います。というか、本当は完全に腐ってました」

静岡から石川に戻った直後、荒井は外周マラソンをさぼっているところを監督の田中辰治に見つかり、こっぴどく叱《しか》られる。部室の荷物をすべてまとめさせられ、泣きながら帰宅した。それから数日間は練習に顔を出さなかった。

家族や部の関係者から諭され、荒井は退部届のつもりで反省文をしたためた。それを学校に持参すると、田中から「お前はまた逃げるのか。お前はそうやってすぐに逃げる」と、厳しいながらも翻意を促す言葉をかけてもらった。

これが自分にとって最後のチャンスと心に誓い、荒井は同級生たちの前で頭を下げた。泣いて謝る荒井に向け、仲間たちからは「いまのままならもういらない」「心を入れ替えるならしっかりやれ」といったキツい言葉が飛んできた。荒井が野球に対してようやく真剣になれたのはこのときだった。

それ以来、毎日一番早くグラウンドに出ては、率先して水撒《みずま》きやグラウンド整備をし、誰よりも大きな声を出して練習に取り組んだ。

その甲斐《かい》あって、「中学野球の甲子園」と呼ばれる横浜スタジアムでの夏の全国大会では、念願のベンチ入りを果たした。

試合には一度も出られなかったが、そんなことはどうでも良かった。チームが勝ち進んでいくことが純粋にうれしかったし、自分もランナーコーチとしてみんなに貢献できているという手応《てごた》えがあった。だからチームが決勝戦で京都府代表の西京ビッグスターズに1―2で敗れ、二連覇という夢が潰《つい》えたときは、生まれてはじめて心の底から悔しいという気持ちが芽生えた。

　それでも、全国大会でのベンチ入りだけにすべてを懸けていた身だ。大会からしばらくして胸に残ったのは後悔や反省ではなく、「野球を最後までやり切れた」という充実した気持ちだった。この時点では本格的な野球からは中学までで身を引こうと思っていた。

　高校時代の自分の補欠体験がよみがえり、僕は荒井の話に聞き入っていた。そして、失礼を承知で一つの疑問をぶつけてみた。

「でも、実際は高校の野球部に入ったわけだよね？　たとえ全国二位とはいえ、中学レベルでベンチ入りを目指していたくらいの荒井くんが、よりレベルの高い高校の野球部に何を思って入部するのか、そのときの心境を教えてほしい」

　荒井は気持ちはわかるというふうにいたずらっぽく肩をすくめた。

「最初は本当に野球を辞めようと思っていたんです。やったとしても他の高校に行って、楽しい野球ができたらなって。でも、仲間や先輩に相談しているうちに少しずつ気持ちが変わっていきました。メンバー外に与えられるチャンスが少ないのは知っていましたけど、最後はそれでもいいから星稜でやってみたいと思えたんです。僕の夢はたとえ一試合でもいいから星稜高校のユニフォームを着て、試合に出ることでした」

この星稜の「メンバー」「メンバー外」というものをどう描いたらいいか、僕はずっと頭を悩ませていた。

高校野球に過度の神聖さを求める人たちは眉《まゆ》をひそめるのではないだろうか。キャプテンの内山は「今年のチームでメンバー外からメンバーの垣根を越えた者は一人もいない」と言っていた。だとすれば、『ひゃくはち』で僕が描いたような「ベンチ入りという目的のためだけに補欠球児が奮闘する」というストーリーすら星稜の野球部には通用しないことになる。

現に荒井は「自分らにチャンスが回ることは一回もなかったです。一年生のときは一度も試合に出たことがありません」と言い、同じく控え投手の田村天《てん》も「正直アピールする場もないやんって。だったら俺はどうやって試合に出ればいいんだよって思ったことはありました」と、素直な気持ちを口にする。

しかし、二人の口調にチームを非難するニュアンスは感じない。何より二人とも野球部を辞めようとしたことさえなかった。高校入学時にその覚悟を決めていたことに加えて、多くの選手から耳にした「今年のチームの強い信頼関係」が大きな理由だ。

荒井が言う。

「内山とか、(荻原)吟哉とか、(知田)爽汰とか、みんな心から応援したくなる選手なんです。高一の頃にはもうチームの甲子園優勝という目標が自分個人のモチベーションになってました。甲子園優勝チームの一員になりたいなって」

僕はこの一言がもっとも腑《ふ》に落ちた。あるとき、練習を見ながら僕がつぶやき、森が妙に納得した言葉がある。

「言葉にすると陳腐なんだけど、星稜の野球部員であることの誇りってすごく大きいんじゃないのかな。神奈川における桐蔭学園にも、ひょっとしたら愛媛における済美にもない圧倒的な存在感が石川における星稜にはあって、そのいい意味でのプライドをメンバー外も含めたすべての選手が共有している。だから彼らはチームのために他のメンバーを支えられるんじゃないのかな」

そんな見立てを正面からぶつけると、荒井は煙に巻くようなことを口にした。

「でも、メンバーの選手の方が自分たちよりずっと努力していると思うので」

同じ補欠同士という気安さが僕の中にもあったのだろう。

あまりに聞き分けのいい言葉にムッとして「そんなことねぇよ」と口走ると、荒井は声を上げて笑っていた。

話を聞いた星稜の補欠部員、荒井貴大と田村天の二人にも、当然、全国の球児と同じように新型コロナウイルスによる甲子園大会中止の一報は届いた。

荒井は「メンバーのみんながかわいそうと思った」と、このときも仲間たちの気持ちを慮《おもんぱか》り、田村は「これで自分たちの高校野球は終わったんだな」と、そのときの率直な感想を語っている。

しかし、落胆する球児の姿ばかりを映し出していた世の中の報道の裏側で、二人は完全にあきらめていた試合出場のチャンスをコロナ禍のチームの中でつかんでいった。

二ヶ月ぶりに練習を再開した日、監督の林から「三年生全員ノック入れよー！」という声が飛んだとき、荒井は「おっ、させてもらえるんだ」と胸を弾ませていたという。

そのときの喜びが、再始動から一ヶ月が過ぎようとしているいまも続いている。六月下旬の小松大谷高校との練習試合ではベンチ入りのメンバーに選ばれ、高校通算三試合目となる出場の機会までつかんでしまった。

レギュラーの花牟禮《はなむれ》優《ゆう》に代わって七回からファーストの守備につくと、荒井は直後の打席でライトオーバーの二塁打を放っている。

ベンチから茶化すような祝福の声が飛んできた。何より久しぶりに出た試合で、自分がフルスイングできたことがうれしかった。二塁ベースの上から仲間たちの喜ぶ姿を見て「あ、野球って楽しいな」と、思わぬタイミングで感慨に耽《ふけ》ってしまった。

　中学時代からほとんど試合に出られず、それでも高校で野球をすることを選択し、一度でいいから試合用のユニフォームを着たいと願って入部した選手が、想像もしていなかった形で得たチャンスで結果を残したのだ。

　田村にもまた予想外の事態が起きていた。発端は活動自粛期間中、近所に住む知田と公園でキャッチボールをしていたときのことだ。

　なんの気なしに披露したオリックスのエースピッチャー、山本由伸のモノマネがことのほか知田の笑いを誘った。

　その日、選手で持ち回りだったLINEを通じての林への質問がたまたま自分の番だった。ウケたことに気を良くした田村は、知田と相談した上で、思い切ってそのモノマネ動画を林に送りつけた。そして、このフォームにアドバイスをくださいという願いを込めて『よろしくお願いします』とメッセージを送付すると、林から『ピッチャーに転向するのか？』というまさかの答えが返ってきた。

　中一を最後にピッチャーはやっていなかったし、高校入学以降はずっと外野を守っていた。

しかし、田村は躊躇《ちゅうちょ》なく決断した。こうして思いもしなかった展開でピッチャーにコンバートされることが決まると、実際に数試合、星稜のアイボリーカラーのユニフォームを着てマウンドに立つことができたのだ。

彼らがうれしそうに語る野球の話が、僕は本当に好きだった。星稜の野球部員である誇りと、補欠選手としての屈託。コロナで味わった絶望と、はからずも舞い込んできた大きなチャンス。それらすべてが密接に絡《から》み合って、辿《たど》り着いた「野球が楽しい」というシンプルな思い。

練習に参加するだけでも特別だった二人が、当たり前のように試合に出て、次第に近づいてくる県の代替大会の、そして甲子園の交流試合のベンチ入りまで狙える場所に立っているのだ。

荒井は顔を綻《ほころ》ばせながら言っていた。

「ずっとチームを支えることが自分のモチベーションでしたけど、いまは甲子園で試合に出ることが目標なんです」

田村はこんなふうに語っていた。

「いまはピッチャーが楽しいし、三年生全員でやれているのがうれしいし、僕もチームが勝つのに貢献できてるって思えるのが本当にでかいんです。いつか自分に家族ができたら『俺も星稜のこの代でピッチャーやった』『俺も活躍したんやぞ』って言えたらいいなって思うんです」

二人の表情は間違いなく生き生きとしていたし、どちらの言葉も本心からのものだったに違いない。

それでも七月に入って訪ねた二度目の星稜グラウンドで僕が感じたのは、森からメールで聞いていた「雰囲気の良さ」とも、荒井や田村が表情を輝かせて口にする「楽しさ」とも違っていた。

どこかみんなが乗り切れていないような、微妙に重苦しい空気だった。


この雰囲気の正体は何なのか。その疑問に答えてくれたのはキャプテンの内山だった。内山へのインタビューはいつも刺激に満ちていたが、室内練習場で行われたこの三度目はとくに強く印象に残っている。

豪雨が屋根を叩《たた》いていた。激しい雨音が四方に鳴り響き、まるで二人きりでいるかのような空間を作り出してくれていた。

緊張感が次第に増していく。全力を出さなくては見透かされる。高校生相手に本気でそんなことを思いながら行ったインタビューは、一時間半に及んだ。

――まずチームの現状から教えてください。

「いまはちょっと三年生の士気が落ちてきていて、あまりいい雰囲気ではありません」

――そうなの？　森からは本来のメンバー外が練習に参加していて、すごく雰囲気がいいって聞いていたけど。

「たしかに最初は三年生全員でいい思い出を作ろうという空気で、自分も素直にうれしいと思っていました。でも、自分ははじめからベストメンバーでやりたいという思いの方が強かったです」

――甲子園に通じていない夏なのに？

「メンバーとかメンバー外とか関係なく、みんながいまの状況に慣れきってしまっている部分があると思います。全国制覇という目標はたしかになくなったんですけど、自分は最後の最後でそういう楽しむだけの野球はあまりしたくないので。いまはみんなとの温度差にちょっと引っかかっています」

――楽しむ野球には昔から興味がなかった？

「中学に入った頃くらいからあまり楽しむことは意識しなくなりました」

――実際に入部して感じた高校の雰囲気はどうだった？

「やっぱり自分の理想とする雰囲気とは違うなと思いました。でも、すぐに自分で考えて練習できる人間には合っている環境だと思うようになりました。ただ、自分自身は厳しくやってきたつもりなんですけど、周りのみんなの意識を引っ張ることまではできなかったと思っています」

――これは違うなら違うって言ってほしいんだけど、僕の目には、内山くんは究極的には周りの選手がやっていようが、やっていまいがどうでも良くて、どこまで自分の実力を上げられるかが大切だと考えているように見える。まずこの見立てはどうですか？

「合っていると思います」

――なら、どうしてみんなの意識をそこまで引っ張りたいと思うんだろう？

「自分は二歳の頃から空手をやっていて、小三で野球を始めたんですけど、みんなでやる野球というスポーツがとても楽しかったんです。勝つこともそうですけど、仲間と同じ競技をするということが本当に楽しくて、そのときの体験から来るんだと思います」

――じゃあメンバー外も含めてみんなでやれている「楽しいだけの現状」に喜びを感じていてもいいんじゃない？

「小学生のときとは違います。いまは本気で野球をして、その結果として楽しさがついてくるものだと思っています」

――本気で野球をやる先に何がある？

「去年の甲子園で準優勝して、地元の富山で表彰してもらったとき、たくさんの知らない方に『見てたよ』『悔しかった』と声をかけていただきました。想像以上にたくさんの人が応援してくれていたんだと知って、勝ち負けは自分だけのものじゃないのだとすごく感じました。応援してくれる人のためにも、本気で野球をすることは自分たちの責任なんだといまは思っています」

――それは甲子園大会がなかったとしても同じこと？

「はい。同じだと思います」

――もう一つ仮説をぶつけさせてほしい。僕には内山くんが甲子園のために高校野球をしているというふうにも見えないんだけど、間違ってる？

「いえ、合っていると思います」

――本当に？

「チームメイトにはいつも『みんなで甲子園に行きたい』と言ってるんですけど、本心としたら、高二のセンバツが終わった頃からずっと次のステージを意識しています。

それが自分の中心にあるものかなっていう気はしています」

甲子園はすでに内山にとって手段であって、目的ではないということか。ほんの一瞬の間を置いて、僕は「それってチームの誰かに話したことある？」と尋ねた。

内山はどこか申し訳なさそうに首をひねった。

「同じ思いを持った人間がいるとは思っていないので。たぶん言わない方がいいんだろうというのはわかっています」

慎重に言葉を選びながら、内山は答えたくないはずの質問にも答えてくれた。言葉の一つひとつに圧倒された。こんな経験は、高校時代に先輩である高橋由伸の野球観に触れたとき以来だった。

「よりによって自分が三年生の年にこんなことになってしまったわけだよね。それってどういうことだと捉《とら》えてる？」

「自分にもまだ正解はわからないですけど、でもこの期間があって、自分にしかできないことが何かあるはずだというふうにはずっと思っているんです。本当にそれが何かはわかってないんですけど」

「この経験が十年後、二十年後の内山壮真の強みになり得ている可能性はあると思う？」

「はい」

「でも、いまはそれがどういうものなのか想像つかない？」

「はい。ただ、キャプテンとしてのいまの自分にしかできないことがきっとあるとは思っています。そこが将来、十年後、二十年後の自分に生かされてくる部分なんじゃないかと思っています」

十八歳にしてすでにたくさんのものを背負い込んでいる。内山壮真という選手が夏の終わりにどんな景色を見ているのか。

僕のメモ帳には『内山、ラスト。絶対』という文言が残されている。


いまが楽しくて仕方ないと感じている選手がいて、現状を良しとしない選手がいる。コロナ自粛明けの練習再開から一ヶ月、星稜の三年生が共有していた一体感は消えかかろうとしていた。しかし「この夏は三年生だけで戦う」というムードだけは決定事項のように醸成され、チーム全体を覆《おお》っていた。

そのことに監督の林は焦《あせ》っていた。県の代替大会、甲子園の交流試合、そして両大会のメンバー発表まであまり時間は残されていない。林自身にも「三年生の勢いを利用する」という考えはあったが、選手たちはその新鮮味をすでに失いつつある。

どういうチーム構成で大会に挑むべきか。それはひいては、二十七人いる三年生にどのように高校野球との決着をつけさせてあげられるかということだ。

七月五日の小松高校との練習試合直後、グラウンド脇《わき》で林と立ち話をした。僕からの「夏の大会間近という緊張感は出てきていますか？」という質問に、林は揺れる心の内を明かした。

「例年に比べればやっぱりまだフワフワしてますよね。いつもなら六月中旬にもうメンバー発表をしていて、メンバー外の三年生の引退試合を行い、そこから一気に夏の大会モードに突入していくという感じでチームを作っていくんです。それが今年はやっぱりコロナによる自粛期間があって、まったく練習もできていませんでしたし、三年生の思いなんかも入り混ざってきて、いろいろと複雑になっているというか……。私自身、例年この時期は家にいても妻に『ピリピリしてる』と言われることが多いのですが、今年は『去年までとはちょっと違うよね』と言われることもあったりして――」

当然、指導者にとっても過去に経験したことのない夏だ。難しい時間を過ごしていることに変わりはない。

林の声にはたしかに焦りが滲《にじ》んでいた。それでも、チームとして進むべき方向を少しずつ見定めているようだった。

「いずれにしても、近日中にあいつらに方向を示してやらなければとは思っています」

直後、林の決断を後押しするような出来事が立て続けに二つ起きた。

一つは、学校の空き教室を使ったチームの全体ミーティングでのことだ。前半は講師を招いてメンタルトレーニングが行われ、後半は三年生一人ひとりがチームに対する思いを綴《つづ》った作文を全員の前で朗読した。

ここでも多くの選手が「この夏は三年生が主体となって――」「フォローしてくれている一、二年生のためにも――」といった作文を披露していく中で、最後に指名されたキャプテンの内山だけがチームの流れに逆らうように「自分はベストメンバーで行くべきだと思っている」といった作文を読み上げた。

もう一つは、その二日後に行われた甲子園交流試合のリモート抽選会の結果だ。大会の開催が決定したちょうど一ヶ月前、はからずも林は僕にこんなことを言っていた。

「履正社とやれたらいいですね」

まるで言霊《ことだま》が宿ったかのようだった。内山が抽選で引き当てたのは、大会四日目、八月十五日の第一試合。相手は前年の甲子園決勝で苦汁をなめさせられた、その履正社高校だったのだ。

その日のうちに林は選手を集め、今後の方針を伝えている。これまでの自身の迷いを正直に吐露し、反省の言葉を織り交ぜながら、しかし林は自らを鼓舞するように力強い言葉を並べていった。

「六月八日から練習が再スタートして、日々こう過ごしている中で、お前たちが満足して終われる高校野球ってどんなものか、星稜野球部のあるべき姿とはどういうものか、ずっと自問自答してきた。最初は三年生に有終の美を飾ってもらおうと、県大会、甲子園ともオール三年生で行こうというところからスタートして、それがいつからか県大会はベストメンバーで、甲子園は三年生中心かというふうに考えが変わっていって、この二週間ほど過ごしてきた。

正直にいえば、俺はどこかで逃げていたんだと思う。でも、もう決めた。いつも通り、県大会五試合、ベストメンバーで戦って、優勝して、甲子園一試合、ベストメンバーで挑んで、去年敗れた履正社を倒しにいく。それが星稜高校のあるべき姿だと俺は思った。三年生には申し訳ないけど、二十七人全員がベンチ入りできるわけじゃない」

指導者のこの言葉を、荒井と田村の二人はどう受け止めたのだろう。二日後、済美の取材のために愛媛に戻らなければならなかった僕に代わり、森が話を聞いてくれた。

　森が見た彼らの印象は「本音の部分はわからないけど、二人ともなんとか受け入れようとしていた」というものだった。

　荒井はこう語っている。

「最初に話を聞いたときは、ちょっと心にくるところもあって、すぐには切り替えられませんでした。でも、自分だけがそういう思いをしてるわけじゃないですし、メンバー外の何人かとも『メンバーを俺たちみんなで支えていこう』と話し合って。そこでちょっと勇気づけられました」

だったら最初からそう決めてくれよとは思わなかった？　そう畳みかけた森に、荒井は力強く首を横に振った。

「思わなかったです。やっぱりこの一ヶ月で試合に出たり、練習に参加させてもらったりして、本来なら経験できないことを経験できたので。それにメンバーだけで甲子園に行けるかって言われたら、やっぱり行けないと思うんです。この一ヶ月、自分も一、二年生のみんなに支えてもらって、支えられることはこんなにありがたいんだって知ることができました。これからはその経験がメンバーを支える原動力になると思います」

自粛期間中にピッチャーにコンバートされた田村は、もう少し複雑な心境を明かしている。

「自分自身、心のどこかでベストメンバーで行くべきなんじゃないかというふうに思っていたので、ある程度心の準備はできているつもりでした。星稜高校なんで、勝つことが絶対だと思うので、ベストメンバーで行くっていうのは仕方ないと思っています」

そう殊勝なことを口にしながらも、田村は森とのやり取りの中で諦《あきら》めきれない胸の内を語っている。

「ただ、まだ試合で投げていたいっていう気持ちはありますし、甲子園という夢の舞台でやってみたい憧《あこが》れも残っています。二日後の日曜日、智辯《ちべん》和歌山さんとの練習試合のあとにメンバー発表があるということなので、その試合でもし投げられるのなら精一杯がんばりたいと思います」

しかし、七月十二日に組まれたこの練習試合で田村と荒井に出場の機会はなく、ゲーム後に行われたメンバー発表でも二人の名前が呼ばれることはなかった。

ほぼベストメンバーで挑んだ智辯和歌山戦を見た森からのメールには『チームがガラッと変わったようだった』『一気にエンジンがかかったように見えた』とあった。

その感想をぶつけられた林は、森にこんなふうに答えている。

「チームというのは生き物ですよね。我々がどう持っていくかで、どうとでも変わってしまいます。毎年試行錯誤しながらやっていますが、今年はとくにそうでした。メンバーに入れてやれなかった三年生の気持ちにもきちんと応えてあげたいと思っています」

いくつもの試行錯誤と紆余曲折を経て、星稜高校野球部は二〇二〇年夏の二つの大会に臨もうとしていた。

第五章
このまま終わっちゃうの？

愛媛　二〇二〇年七月十三日〜八月八日

済美、星稜のそれぞれの野球部監督、中矢太も、林和成も、多くのインタビューに時間を費やしてくれた。

二人ともこの夏が持つ意味とチームの在り方について真剣に思い悩んでいた。昭和四十九年生まれで明徳義塾出身の中矢と、同五十年生まれで星稜出身の林。並べるのもおこがましいが、昭和五十二年生まれで桐蔭学園で野球をしていた僕は、この同世代の指導者たちの心の揺らぎを見届けたいと思っていた。

とくに地元松山の中矢とはたくさん話をした。「僕はきっと高校野球を恨んでいた」という初対面時の挨拶《あいさつ》から始まり、振り返れば不躾《ぶしつけ》な質問や持論ばかりぶつけてきたが、中矢は常に正面から受け止めてくれた。

思い出せる限り、僕の言葉で中矢が明確に表情を険しくさせたことは二回しかない。

一回は新型コロナウイルスの影響を受けたこの年の指導について話しているとき。

「今年の甲子園はなくなってしまいましたけど、甲子園だけがすべてじゃないよ、その先の人生もあるんだよということを選手たちに意識させてやりたい」と言った中矢に対し、僕は「本当に失礼なんですけど」と前置きした上でこう返した。

「でも、当時の僕がもし今年の三年生だったとしたら、『あんたたち、これまで散々〝甲子園、甲子園〟って言ってたじゃねぇか。急に甲子園がすべてじゃないとか言われてもついていけないよ』と感じたと思うんです」

もう一回も同じだった。やはり僕がこんな無礼な意見をぶつけたとき、中矢はいつもの笑顔を見せなかった。

「これは僕が個人的に聞きたいことなんですけど、中矢さんからに限らず『野球を通じて人間を形成する』という話って昔からよく聞きました。でも、もちろん僕自身も含めてなんですが、高校野球をしていた人間みんながみんな立派な大人というわけじゃないですよね。あんなに苦しい練習に耐えてきたはずなのに、むしろあの苦しさの反動で柔軟さを失ってしまっていると感じさせる人間が少なくありません。もっと言うと、理不尽や暴力に耐えてきた自分を一〇〇パーセント肯定している元球児の大人がたくさんいて、そういう人たちが自分の過去を勝手に美化して理想の高校野球像を作り上げているように見えるんです。この意見はどう思われますか」

教育者として決して間違ったことを言っているわけではない中矢に対し、本当に失礼だという自覚はあった。でも、選手になんとか思考させようと、あるいは選択させようとしている監督だからこそ、受け止めてくれるという確信もあった。

これらの質問に少しだけ表情を厳しくしたが、案の定、中矢がムキになって言い返してくることはなかった。むしろ僕の意見をゆっくりと咀嚼《そしゃく》した上で、一緒になって問題点を考えようとしてくれた。

監督としての中矢を一言で表すならば、僕なら「悩める指導者」と表現する。練習中の怒声や厳しさ、その堂々としたたたずまいからは想像もつかない繊細な一面を持ち併せている。

たとえば練習中に選手にインタビューし、僕が本部席に戻っても、中矢は絶対にその内容を尋ねてこない。尋ねてはこないが、気になっているのは明白だ。

「もし誰かが僕の悪口を言っていたとしても絶対に伝えないでくださいね。僕、こう見えてそういうの結構傷ついちゃう方なんです」と、冗談めかしながらもソワソワしている。

そういった繊細さや「悩める」という特性がこの夏にどんな作用をもたらすのか、最後まで想像することはできなかった。

ひょっとしたら絶対に揺らぐことのない、圧倒的に強い監督こそが選手を正しく牽《けん》引《いん》するのかもしれないという思いもあった。しかし、やはり指導者にとっても単純な正解のある夏ではないはずだ。僕は中矢の葛藤《かっとう》や逡巡《しゅんじゅん》する様子に誠実さすら感じていた。

思えば、出会った日から中矢はこんなことを言っていた。

「正直、僕はいろんなことに自信がないけん、たくさんの人から話を聞いて、たくさんの人に話を聞いてもらって、自分の立ち位置とか考え方、自分が正しいのか、正しくないのかを判断したいと思っているんです。それが早見さんの取材を受け入れようと思った一番大きな理由です」

一方の林からも取材を重ねていったある日、こんな言葉をかけられた。

「監督としてぶれてはいけないと思ってこれまでやってきたんですけど、早見さんと出会って、あまりにもしつこく『その言葉は本当に選手たちに届いていると思いますか』と問われるもので、俺の言葉は本当にちゃんと届いてるのかって不安になってきちゃったんですよね。当たり前のことなんですけど、迂闊《うかつ》なことは言えないなって前よりも強く思うようになっています」

そんな二人に節目節目で尋ねていたことがある。済美における上甲正典、星稜における山下智茂をそれぞれがどう見ていたかというものだ。

選手に対しては答えを誘導するような質問はするまいと決めていた。が、両監督に対して、とくにこの質問をするときだけは、僕は何らかの答えを彼らに期待していたように思う。おそらくは二人の口から否定の言葉を引き出そうとしていたはずだ。

むろん上甲、山下の両元監督に個人的な恨みがあるわけではなく、もっと言えばどんな指導をしていたのかも話を聞いて知る程度だ。

僕はただ中矢と林から高校野球の新しい指導者像が聞きたいだけだった。その地平をこれから切り拓《ひら》いていく同世代の二人だと信じるからこそ、短絡的に過去を否定するものとして、前任者の野球に「古い」と突きつけてほしかった。

しかし、二人の口からは最後までそういったニュアンスの言葉は出てこなかった。自分との違いは認めながらも、どちらの口調にも「自分には決してできない」という畏怖《いふ》の念が滲《にじ》んでいた。

林は「本当にカリスマ性のある名将でした。自分が監督になって、はじめて気づいた山下さんの凄《すご》さはたくさんあります。とくにあの厳格さと野球にかける情熱、勝ち負けに対する執念ですかね。あれは絶対に私にはマネできません」と山下を評し、中矢はこんなふうに語っている。

「上甲さんから学んだことはたくさんありました。一番は目標設定の仕方と、それに向かっていく力強さ。ユニフォームの着方一つから野球に対する姿勢も教えてもらいました。上甲さんが生きていたら今年は子どもたちにどんな指導をしたでしょうね。聞いてみたかったですね」

三ヶ月という取材期間中、二人に濃密に向き合ってもらい、僕の指導者を見る目は少しずつ変わっていった。こんなにも選手のことを考えているものなのか、こんなにもチームについて悩んでいるものなのかと、息が漏れる瞬間がたくさんあった。しかし、二人がそうした苦悩を選手に見せることは絶対になかった。

そんなことを思えば、自分の経験した高校野球を少しだけ許せる気がした。あのとき、監督は自分たちをどのように見ていたのだろうと、はじめて立場を変えて思いを馳《は》せられる瞬間が幾度もあった。

二〇二〇年の夏に苦しんでいたのは選手だけではない。彼らの苦悩や葛藤を正面から受け止めて、なんとか道筋を示そうとした指導者たちがいた。

そこで生じたかすかな迷いが、子どもたちを新たに混乱させることも多々あった。みんな手探りだったのだ。

こうすれば甲子園に行ける、少なくともそのチャンスが広がる。何年にもわたって積み上げてきたその方程式が通用しない夏だったのは間違いない。

済美の選手たちの声がグラウンドに響いていた。七月二十三日からの私学交流戦、そして八月一日からの県の代替大会がもう間近に迫っている。

まだ鉛色の雲が空一面を覆《おお》っていた七月中旬、骨折の治療を続けていたキャッチャーの矢野泰二郎が左足を引きずりながらも戦列に復帰し、控え投手の佐藤敦基も部に留まることを決断した。

さらに雰囲気が高まり、勢いにのって大会に突入するのだろうと期待しながら久しぶりにグラウンドに顔を出したが、済美の選手たちはハッキリと停滞していた。かすかに重苦しさを感じさせた星稜の選手より、はるかに行き詰まっている様子が見て取れた。

わずか二週間前に「野球が楽しくて仕方ない」と口々に言っていた選手たちだ。いったい何が起きているのか。そんな疑問を抱いたのは一瞬のことだった。僕はすぐに二つの会話を思い出した。

一つは、まさに他の選手たちが「楽しい」と言っていたとき、ただ一人「みんなもっと必死になれるはず」と苛立《いらだ》ちを露《あら》わにしていた三好斗真の言葉。

もう一つは、中矢から聞いたこんな話だ。

「結局、最後の夏を勝てるかはそこにピークを持ってこられるかなんです。二年四ヶ月ある高校野球の期間の、最後の二〜三週間に一番の山場を作れるか。立ち上げから時間が短すぎたらチームを作れないですし、長すぎると今度はモチベーションが保てない。もちろんどこも条件は同じですが、愛媛県の代替大会の八月開幕というのは少し遅いと思うんです」

六月二十七日に対外試合が解禁されると、しばらくは結果が伴った。川之江、小松、宇和島東と、週末ごとに県内の有力校と二試合ずつ練習試合を行い、五勝一敗。しかし「結果ほどチームは乗っていませんでした」と、キャプテンの山田響は振り返る。

チーム内にくすぶっていたフラストレーションが顕在化したのは、七月十二日。済美グラウンドで行われた帝京第五高校との第一試合だった。この試合を、済美は3－13という大差をつけられ七回コールドで落としている。

「この頃からみんな焦《あせ》り出しました。勝った試合でも守備のエラーがとても多く、それならばとノックをしても全然うまく進まなくて。上達するために練習するというより、なんとか不安を解消したいという気持ちが強かった気がします」

練習自体も例年以上の長梅雨や学校の期末考査の影響で思うように進まない。そうしたチーム状態の中、済美は私学交流戦の開幕の日を迎えてしまった。

ベンチ入りメンバーに人数制限のないこの大会を、中矢は三年生中心の編成で挑むことに決めていた。

先だって発表した背番号は「1」から「23」までが二十三人の三年生。一、二年生は全員それ以降の番号で、ピッチャーを中心に八人を登録したが、初戦となる聖カタリナ高校戦でスタメンに名を連ねた下級生は一人もいない。

先発ピッチャーは一年生の頃から期待されながら、ケガに泣かされ続けた山本竜介。はじめて背中にエースナンバーの「1」をつけ、胸に期する思いを抱いて登板した山本だったが、序盤から聖カタリナ打線につかまった。初回にいきなり三連打を許すなどして2点を失うと、二回にも立て続けにヒットを浴びてさらに2点を追加される。

山本のあとを引き継いだ投手陣も相手の攻撃を食い止めることはできず、キャッチャー矢野泰二郎の二つのミスなどもあって、ずるずると失点を重ねていった。

攻撃陣も聖カタリナ先発の渡辺豪《ごう》の前に大事な場面であと一本が出ず、大量得点には結びつかない。

それでも六回までは3—6となんとか食らいついていたが、結局七回に一挙6点を奪われ、万事休す。4—12という大差をつけられ、済美は「全部勝って優勝する」と言い続けて臨んだ大会の初戦をまたしても七回コールドで落としてしまう。

山本が本調子ではなかったことや、ケガ人が多かったことなど、それらしい敗戦の理由は挙げられるかもしれないが、僕にゲームそのものについて論じることはできない。これが済美の本当の力なのかもわからないし、そもそも聖カタリナの方が強いのだと言われればそうなのだろうと納得する。

ただ一つだけ、自分の主観で語ってもいいと思えることがあった。試合中の済美の選手たちの表情だ。

たった二ヶ月とはいえ、誰よりも近くでチームを見てきたと自負しているからよくわかる。済美高校の野球部は、少なくともこの代は、あまりにも「明」と「暗」がくっきりしている。

高校生など往々にしてそういうものなのかもしれないけれど、自分の高校時代と比較してもその傾向は顕著だった。チームが乗っているときのベンチの声はにぎやかなくらい明るいのに、そうじゃないときの表情は傍目にも暗いとわかってしまう。

このゲームはまさに後者だった。試合中に殴り書きしていた僕のメモには、こんな言葉が残っている。

『なんでこんなにつまらなさそう？』

『久しぶりの大会』

『全部勝って優勝するという言葉』

『ベンチに座ったままの選手』
『いまさら監督の顔色を見てる選手』
『いまみんな楽しい？』
『もっと開き直ってやればいいのに』

誰かに明かすつもりのなかったメモだ。きっと選手たちには「うるさいよ」と言われるだろうし、「そんなの結果論だ」と反論してくる選手もいるだろう。でも、すべて試合中に僕が感じた率直な気持ちだった。

この試合のメモはこんな文言で終わっている。

『このまま終わってしまうのか？』

二試合目の新田高校戦は12─3で勝利を収めたものの、試合後の選手たちの表情は沈みきっていた。

球場脇《わき》での選手同士のミーティングを終えた直後、キャプテンの山田が一人仲間の輪を離れ、僕のもとにやってきた。

甲子園というわかりやすい光のない中で、この夏、山田は誰よりももがき苦しんできた。山田に限らず、二〇二〇年の夏の高校野球は、監督と選手の狭間に立ち、どの学校のキャプテンも苦しい思いをしていたに違いない。

その時々のチーム状況や、指導者との関係性、チームメイトのこと、この夏の意味について……。山田はいつだって素直な気持ちを話してくれたし、彼の口にする言葉はたいてい明瞭《めいりょう》だった。

山田は周囲がよく見えていた。その一方で、自分のことだけは見えていないと感じさせることも少なくなかった。

直接本人に伝えたこともある。

「このチームの雰囲気は、つまりは山田の纏《まと》う空気なんだと思う。山田を見ていたらチームの状態がわかってしまう」

実力を兼ね備えたキャプテンが放つ空気にみんなが左右されている。山田が乗っていればみんなも乗るし、その逆もしかりだ。そんな意味を込めた言葉に、山田は「わかっているつもりです」とうなずいた。

チームの不調が浮き彫りになっていった私学交流戦の直前、山田は人知れず抱える不安を吐露していた。

「みんな一生懸命やっているのはわかります。でも、やればやるほどうまく進まなくなっていて、楽しいという雰囲気だけでは乗り切ることができませんでした。正直、もう最後までもたないんじゃないかって、こんなんじゃ絶対に勝てないよなって思ってしまう自分がいるんです」

人一倍苦しみ、ずっともがいてきた山田に、惨敗《ざんぱい》した大会の直後に尋ねるのは酷だという思いはあった。

しかし、そんなキャプテンにだからこそ、尋ねなければいけないのだという気持ちも強くあった。

聖カタリナに敗れた試合を一通り語ってもらったあと、僕はメモに目を落としながら覚悟を決めて切り出した。

「このまま終わっちゃうの？　高校野球」

睨《にら》まれても良かったし、声を荒らげられてもかまわなかった。とにかく山田に立ち向かってきてほしいという願いを持っていたが、その思いは届かず、山田は力なく微笑《ほほえ》むだけだった。

「いまは悔しいというよりも、こんなふがいない試合をしてしまって情けないという気持ちです。このままでは本当に恥ずかしい代として終わってしまいます。まだまだ自分たちの底力はこんなものじゃないと思っていますし、残りわずかの練習時間ですがまだやれることは残っていると思います。この試合があったから県大会でいい結果を残せたと最後に思えるように、あと一週間がんばりたいと思います」

その二日後、済美グラウンドであらためて聖カタリナ戦について話しているとき、山田はポツリとつぶやいた。

「実はあの試合、ベンチ内の空気は完全にバラバラだったんです」

山田たち三年生は、中矢が言い続けてきた「甲子園のない夏だからこそ全部勝とう。済美の強さを証明しよう」という言葉を信じていた。重い空気をなんとか打破しようとしてきたのも、苦しい練習に歯を食いしばって耐えてきたのも、すべては残りの試合を本気で勝ちにいくためだった。

それが蓋《ふた》を開けてみれば、交流戦のメンバーに選ばれたのは三年生ばかりだった。途中出場するのも三年生がほとんどで、下級生の主力メンバーはあまり起用されなかった。

そのことがどうしても釈然としなかったと、山田は小さく息を漏らした。

「本当に勝つのであれば、一年生も二年生も使ってほしいというのが自分たちの考えでした。いやいやいやって……、中矢先生、口ではああ言っていたけど、本気で勝ちに行ってないんかなって。そんな空気がずっとベンチの中にありました」

山田からこの話を聞いたとき、僕は胃の辺りが重くなるのを感じた。そもそも「選手が本気になれる舞台を」との思いから、中矢自らが先頭に立って作り上げた大会だ。本気じゃなかったはずがない。しかし、きっとそれ以上に、中矢は三年生を気遣ってしまったのだ。気遣いすぎたと言うべきか。

やはり私学交流戦が終わった直後、中矢自身もその言葉を用いて、僕に反省の気持ちを明かしている。

「自分で『全部勝つ』『優勝する』なんて言いながら、三年生を気遣いすぎた面があったんだと思います。結局、僕はいまだにあいつらを〝お客さん扱い〟していたんでしょう。申し訳ないことをしました」

中矢をそんな気持ちにさせたのは、交流戦の結果だけが理由ではない。その二週間ほど前のある晩のことだ。愛媛県の代替大会のメンバー登録の締め切りを間近に控えたタイミングで、中矢は山田と、同じ寮生で副キャプテンの越智伊吹《おちいぶき》を寮の一室に呼び出している。「それで決定するわけじゃない」と前置きした上で、二人に大会メンバーを考えてみてほしいと伝えるためだ。

そのときの心境を越智はこう語っている。

「二年半も一緒にやって来た仲間をベンチに入れるか、入れないかを自分たちで決めるのは、正直荷が重かったです。三年生を全員入れたいという気持ちも、来年以降のことを考えて下の学年も入れなきゃという気持ちもありました。それで決定というわけじゃないとわかっていましたが、考えるのは苦しかったです」

中矢からの命を受け、山田と越智は二人きりで話し合った。そして、その夜の内に結論を出している。二人が出した答えは「下級生も含めたベストメンバーでいくべき」というものだった。

それでも……と、越智は苦しそうな口調でこの夜のことを振り返る。

「メンバーの選手だけじゃなく、三年生二十三人が一枚岩にならないといけないという気持ちはありました。たとえ最後の試合で負けたとしても、代替大会で優勝できなかったとしても、この仲間全員でいい雰囲気のまま終われるのなら、済美高校で野球をやって良かったと思えるはずだと思ったんです」

そんな越智と山田が伝えてきた思い、一向に波に乗りきれないチーム状況、コーチの田坂僚馬との度重なる話し合い、目指すべき済美野球部の姿……。それらすべてが一つの方向を指し示していた。最後となる愛媛県の代替大会を、中矢は下級生を含めたベストメンバーで行くことに決めた。

メンバー発表は私学交流戦を終えた三日後、七月二十八日の放課後に行われた。ミーティング会場となった学校の食堂に、制服姿の選手たちが一人、また一人と集まってくる。みんな無言だ。あっという間に選手全員が揃《そろ》ったが、食堂は水を打ったように静まり返ったままだった。

私学交流戦と同様、代替大会も三年生に限っては登録人数に制限はない。しかし、ベンチに入れるのは二十人までと決められている。それ以外の選手はスタンドで戦況を見守り、試合の途中で交代した選手と入れ替わる形でグラウンドに降りる。

発表の直前、中矢は選手に「20番までが正規のメンバー」と、ハッキリと告げた。その上で「21番以降の選手を使うのは勝つのに必要と思った場合のみ。恩情では使わない」と強調した。

緊張がまた一つ増す中、中矢は一気に名前を呼び上げた。三上愛介《あいすけ》、有請倖《ありうけこう》の二人の一年生を含め、20番までに八名の下級生が登録され、三年生は十二名に留まった。つまり21番以降に呼ばれた十一人の三年生が本来ならばメンバー外ということになる。

その中に、佐藤敦基の名前もあった。五月の段階で一度は引退を考え、それでも最後まで仲間と野球を続けることを選択し、公務員試験の勉強や寮長としての仕事と並行してここまで練習に励んできた。

その選手がベンチ入りメンバーから漏れた。同郷でもある田坂から「22」の背番号を受け取り、席に戻った佐藤の背中を僕はずっと見ていた。佐藤はいま何を感じているのだろう。こんなことなら……という後悔か、それはないよ……という憤《いきどお》りか。微動だにしないその背中から心の内は読み取れない。

すべての背番号を渡し終えると、何かを断ち切ろうとするように、中矢は声を一段高くした。

「三年だとか、二年だとか、一年だとか関係ない。がんばったとか、がんばらなかったとかも関係ない。最後は甲子園に行くつもりでこのメンバーを選んだ。勝つことだけで結果を出す。全員がチームのために尽くしてくれ！」

翌日から、僕は毎日済美グラウンドに通った。長かった梅雨がようやく明け、真夏の陽光がグラウンドに降り注ぐ。鬱憤《うっぷん》を晴らすかのように鳴き始めたセミの声をかき消す勢いで、怒号のような選手たちの声が飛び交っている。思わず目を見張るほど、選手みんなが集中しているのがわかった。

見届けるべきはこの光景なのだと確信した。結果もさることながら、済美の三年生にとって高校野球のハイライトは、最後の大会初戦までのこの四日間の練習で訪れる。

そんな予感が胸を過《よぎ》った。

僕はひたすら練習を見続けた。日一日とチームが熱を帯びていく。まるで瀕死《ひんし》の生き物が息を吹き返すかのようだった。選手も指導者も真っ黒に日焼けし、二ヶ月前はまっさらだった一年生の練習用ユニフォームもすっかり泥にまみれている。

そうして練習を見守る一方で、これまで話を聞くことのできなかった選手ともたくさん言葉を交わした。たとえば、大会直前に新たに副キャプテンに加えられた松永《まつなが》駿太朗《しゅんたろう》もその一人。

松永は「ずっとチームの足を引っ張っていた」と自分について語った。甲子園中止決定から一ヶ月ほどは毎日のように「今日で辞めよう」と考えていたし、他県の代替大会が七月中に始まるのを「早く引退できてうらやましい」と、心の底から思っていた。みんなに申し訳ないという気持ちはあったが、誰に何を言われても「どうしても心に響かなかった」。

松永がようやくやる気になれたのは、七月も中旬になってチームがなかなか勝てなくなった頃だ。

単純に負けることが悔しく、開き直って練習中に大声を出していた。打撃の調子が上向きになっていった時期とも重なり、中矢から前触れもなく副キャプテンになるよう命じられた。

「散々みんなの足を引っ張ってきた自分が言うのもなんですけど、もう絶対に負けたくないんです。本当に勝って終わりたいので、これまで足を引っ張った分、今度は自分がみんなを鼓舞してがんばっていきたいです」

ショートのレギュラーポジションをつかんだ羽山翔人《はやましょうと》も「自分も松永と同じでした」と語っている。

「五月から六月にかけて、毎日少しずつやる気になっていく人が増えていく感じで。最初はそれさえ面倒くさいなぁって思っていて。ああ、なんか今日もまた一人増えたなって、イヤだなって。仲間がどんどん向こうに持っていかれるという感じでした」

いつも飄々《ひょうひょう》としていて、顔が小さく、スタイルがいい。ただでさえどこか浮世離れした雰囲気の男が悪びれもせず言うもので、僕はつい笑ってしまった。

とはいえ、羽山もいまやチームを引っ張る主力選手の一人だ。「それで？　最近はどうなの？」と水を向けると、羽山はポーカーフェイスのままこう答えた。

「ここに来てやっとチームの雰囲気が良くなってきて、自分も一個スイッチが入った感じがしています。みんなに迷惑をかけた自覚はあるので、最後は自分が勝つことに貢献できたらいいなって思っています」

空気の悪さをいち早く見抜いていた三好斗真にも話を聞いた。直前に行われたメンバー発表で、三好はレギュラー番号「9」を勝ち取っていた。チームの不調について語っているのに、三好はその喜びを隠しきれていなかった。

そのことを意地悪く指摘すると、三好はあわてて笑みを引っ込めた。

「みんなもっと早くいまくらいの気持ちになっててくれよという気持ちはあります。あの頃に比べればたしかに雰囲気は良くなってると思いますが、まだもう一踏ん張りできるはずです。このままでは優勝はできません。自分自身も最後まできっちりやりたいと思っています」

ケガから復帰し、攻守でチームを引っ張るキャッチャーの矢野泰二郎はこう言った。

「私学交流戦の聖カタリナ戦では、自分が二つエラーして、配球でも見えないミスをたくさんして、ああいう負け方をしてしまいました。正直、あの試合が終わったときは『もう無理かな』って思ってしまったんですけど、このまま終わってしまったらやっぱり後悔すると思うので。あと一週間、もう一度だけ本気にならなきゃいけないと思っています」

この夏、泰二郎とは誰よりも言葉を交わしてきたと思う。かつてない殊勝な言葉についき感心して、「ずいぶん謙虚なことを言うじゃん。最後は大喜びして終われそう？」と、軽い調子で問いかけたが、泰二郎は最後までいつもの笑みを浮かべなかった。

「いや、まだまだです。いまのままなら大会の早い段階で負けるんじゃないかと思っています。いまはちゃんと謙虚になって、あと一週間全力で取り組みたいと思います」

そんな選手たちの気持ちや意気込み、あるいは焦りに応じるように、最後の四日間の練習は熾烈《しれつ》を極めた。

印象に残った練習が二つある。一つは「27アウト」という守備練習。毎回アウトカウントとランナーが想定され、ノッカーの田坂がフリーに打球を放つ。1アウト、2アウト、3アウト……と一つずつアウトを重ねていって、ノーミスで27アウトを目指すというものなのだが、10アウトになかなか辿《たど》り着かない。

何度か20アウト近くまで達したときは、試合さながらの緊張感がグラウンドに張りつめた。最後の最後でエラーが出ることもままあって、その都度、天を仰いだのはノッカーの田坂だ。この練習で一番体力的にキツかったのは、強烈な陽が差す中で延々とノックバットを振り続けていた田坂だったに違いない。

もう一つ印象に残っているのは、三十五度の炎天下で冬用のジャンパーを着て行う体力トレーニングだ。

この練習を見たときは、一瞬、戸惑った。きっと科学的根拠はなく、アンチ高校野球の人間からは「悪《あ》しき伝統」や「高校野球の狂信性」といった攻撃の的にもなりかねない。中矢は「夏の大会だけは理屈じゃない。最後の最後は精神的な部分で勝負が決まる。そのための練習です」と、ジャンパーを着る意味を説明するが、それだって証明することはできないだろう。

でも、僕には否定することもできなかった。中矢に立ち向かうようにして声を張り上げる選手たちが、とても楽しそうに見えたからだ。

その気持ちは痛いほど理解できた。僕自身、高校野球でもっとも記憶に残っている練習は、極寒の二月の練習終わりに毎日裸足《はだし》でランニングをしていたことだ。

当時は「ふざけるな」「なんの意味があるんだよ」と仲間たちと一緒に指導者に毒づいていたはずの練習が、不思議となつかしい記憶として刻まれている。

そんなものただのノスタルジーだ。自分の過去を美化しているだけ。いつか中矢にぶつけた意見がブーメランのように自分に返ってくる。それに即座に言い返す言葉は見つからないし、正しいことだと開き直るつもりもない。

しかし、少なくとも当時の僕らがもし部外者に裸足のランニングを批判されたら、たとえその刃《やいば》が監督に向かっていたとしても、「放っておいてくれ」と言い返していたに違いない。

その意味では、当時から「苦しさ」や「無意味さ」に内包される「楽しさ」の存在に気づいていた。

仲間たちと共通の敵を抱きながら、無意味とわかっていてもバカになれる瞬間を誰にも奪われたくないと思っていた。俺たちは自分で選び取ってここにいる。外から知ったふうなことを言わないでくれ——。

そんな反発を抱いただろう。それと同じと言い切ることはできないけれど、ジャンパーを着た済美の三年生たちは間違いなく楽しそうだった。

その中の一人に、佐藤がいた。最後まで野球をやり切ると決めたあとも、佐藤は人知れず苦しみ続けていた。気持ちはまっすぐ野球に向かっているのに、登板する試合でなかなか結果を残せずにいたからだ。

活動再開後のチームにとって二試合目となる川之江高校との第二戦。この試合に先発した佐藤は久しぶりのマウンドに胸を弾ませていたものの、四回までに大量9点を奪われている。以降も、それまで四十イニング点を取れていないと聞いていた松山商業高校に呆気《あっけ》なく失点を喫したり、私学交流戦でも新田高校を相手に苦しい投球を強いられたりしている。

決して気持ちが切れていたわけではなく、公務員試験の勉強を言い訳にするつもりもない。調子はむしろいいと感じていたくらいで、つまりはそれがこの時点での自分自身の実力なのだ。そう認めてしまう方がいっそ気持ちは楽だった。

投げても、投げても結果が伴わず、そのことに佐藤はもがいていた。三年生だから温情で使ってもらえているのかという疑念を拭《ぬぐ》うことができず、一方で新田戦で失点を喫したときは、これが自分にとって高校野球最後の登板になるのではないかという予感もあった。

だから、代替大会のメンバー発表で20番までに名前が呼ばれず、「22」の背番号を受け取ったとき、佐藤は学校の食堂で心が軽くなったと教えてくれた。

「それまでずっと結果が出せずにしんどいという思いの方が強かったので、そこで一つ区切りがついたというか、気持ちの整理はすっとできたと思います。間違いなく、楽になった感じがありました」

その二日後の練習中、佐藤は中矢から「サポート役に回ってくれないか」という打診を受けた。残りわずかの高校野球だ。最後まで選手としてまっとうしたいと断ることもできただろうし、中矢も「判断は佐藤に任せる」と言っていた。

しかし、佐藤は二つ返事で提案を受け入れた。その上で、サポート役の中ではただ一人メンバーと同じようにジャンパーを着てグラウンドに現れた。

「サポートに回った者の中で、いままで公式戦にも出ていたのは自分だけなんです。

メンバー、メンバー外の両方の気持ちがわかるのは自分しかいないと思ったので、その温度差を埋めていくという意味でジャンパーを着ようと思いました。一緒にやってきた仲間と最後に優勝するのが一番いい終わり方だと思うので、チームを一つにまとめるのがこれからの自分の役割だと思っています」

もちろん、佐藤を含めたサポート役の献身だけがチームを勢いづけたわけではない。私学交流戦のふがいない結果や、大会直前とは思えないハードな練習、一年に及ぶ対外試合禁止を経験した五年前のOBたちから送られてきた手紙や、ようやく顔を覗《のぞ》かせた真夏の太陽のおかげもあるのかもしれない。それらすべての要因が積み重なって、済美野球部は間違いなく一番の盛り上がりを見せていた。

「27アウト」をついに完遂させた七月最後の日、代替大会初戦の二日前。最後のノックを終えたばかりのコーチの田坂が汗を拭いながら僕のもとにやってきた。

そして、選手たちを見つめながらこんなことを尋ねてきた。

「早見さんにはこいつらがどういうふうに見えていますか？　僕は今年のチームが好きなんです。幼いし、不器用なんだけど、みんな必死に悩んできました。最後にいい思いをさせてやりたいと思うんです」

中矢はこんなふうに言っていた。

「この二ヶ月、反省することはたくさんありますが、後悔することはありません。いろいろ悩んできましたが、最後はチーム一つになって全力で勝ちにいきます」

二ヶ月強という時間をかけ、多くの紆余《うよ》曲折を経ながら、済美の選手たちが辿り着いたのはここだった。

甲子園に通じていない二〇二〇年の夏の大会が、いよいよ始まろうとしていた。

ついに開幕した愛媛県の代替大会、済美は中予地区二回戦から登場した。

中予地区二回戦　○13―5松山南（七回コールド）
中予地区三回戦　○8―1松山北（八回コールド）

この二試合の結果をどう見るかは難しいところだろう。どちらの試合も実際の点差や「コールド勝ち」という響きほど楽な展開ではないように見えた。

それでも試合後の選手たちは一様に安堵《あんど》の表情を浮かべていた。二試合で二安打と打撃不振に陥りつつあったキャプテンの山田も「この大会はまず勝つことに意味があります」と、自分に言い聞かせるように口にしていた。

選手たちに驕《おご》っている様子はまったくなかった。一方で、前年秋の愛媛県大会を優勝したという圧倒的な強さも感じられない。

さらに苦しい戦いを強いられたのは、西条市ひうち球場で行われた準々決勝、新居浜西との一戦だ。

初回の守りからバタバタだった。サード山田琉斗《りゅうと》が送球エラー、センターで先発していた山本竜介はライナーの目測を誤り、キャッチャー矢野泰二郎の捕球ミスも失点につながって、一気に3点を奪われる。

その裏、済美も三好のスリーベースヒットなどで反撃に打って出るが、得点は1点止まり。1―3となった二回からは一転して両チームとも得点を挙げられず、緊迫した投手戦の様相を呈していった。

いや、緊迫していたのは済美だけだろう。格上と見られていた済美のスコアボードに「0」が並ぶたびに、新居浜西のベンチはお祭り騒ぎになっていく。

背番号「9」をつけた新居浜西先発の登尾友喜《のぼりおともき》は、尻上《しりあ》がりに調子を上げていった。

済美もランナーは出すものの、その多くがツーアウトからで、なかなか得点に結びつかない。とくに流れに乗れなかったのは、山田響、山本の主軸二人だ。これまでチームを引っ張ってきた二人の不振が、そのまま打線の勢いに反映されていた。

「息が詰まる」という表現がピッタリの試合展開だった。七回裏が終了した時点で1―3は変わらず。ディレクターの森は万が一に備えてカメラの準備を始め、済美スタンドが静まり返る瞬間が何度もあった。

しかし八回、膠着《こうちゃく》していた試合がついに動く。一年生ピッチャーの有請倖の公式戦初登板が流れを生んだのか、その裏、ツーアウトから松永、矢野の連打で一、二塁のチャンスを作ると、二年生の山田琉斗がライト前にタイムリーを放ち、まず1点。ここでセカンドでスタメン出場していた杉野稜太《りょうた》に代わって代打で登場したのは、山田、山本とともに一年生の夏に甲子園のベンチを経験した越智伊吹だった。

チームがもっとも苦しかった五月と六月、決して口数の多い選手ではないが、越智はそのプレーと態度でチームを牽引してきた。山田や山本とタイプは異なるが、紛れもなくこのチームのリーダーの一人だ。

しかし、代替大会開幕に向けチームがもっとも盛り上がっていた五日前の練習中、越智はノックで右脚の肉離れを起こしてしまう。それからは練習にもいっさい参加できなかったし、今大会はここまで一試合も出場していない。

直前まで松葉杖《まつばづえ》をついていたくらいだ。足が痛くないはずはない。しかし、越智はそんな素振りを微塵《みじん》も見せず、入念に素振りを繰り返しながら打席に向かう。

両ベンチ、両スタンドの相反する祈りと視線を一身に浴びながら、越智の集中力が極限まで達しているのがスタンドからでも見て取れた。２ストライクと追い込まれても、越智は必死にファールで粘り続ける。ピッチャーの登尾が投球モーションに入るたびに球場から音が消え失《う》せ、越智がファールを打つたびにドッと沸く。そんなヒリヒリとした時間がしばらく続いた。

勝負が決したのは実に十球目のことだった。越智が思いきり叩《たた》きつけた打球はホームベースの前で大きく跳ね、ピッチャーの頭を越えたが、ショート町田雅孝のグローブに収まった。

町田は素早く一塁へ送球する。越智はケガした足をものともせず全力でファーストへ駆けていき、躊躇《ちゅうちょ》なく頭からすべり込む。

土煙が激しく舞い上がった。一塁審判の両腕が左右に大きく広がる。セーフとジャッジされたその瞬間、済美ベンチからいまにも選手たちが飛び出してきそうなほどの歓声が聞こえてきた。越智の思いが呼び込んだタイムリー内野安打。３―３同点。試合は一気に済美の流れとなる。

試合を決めたのは、初回のミスからここまでいいところのなかった山本だった。九回裏、ワンアウトで打席に立った山本が振り抜いた打球は、快音をグラウンドに残し、そのままレフトスタンドへ消えていった。

うなだれる新居浜西ベンチと、飛び跳ねる済美ナイン。

山本にとって、これが高校通算二本目のホームランだった。

準々決勝　○4―3新居浜西

サヨナラホームランというこれ以上ない劇的な幕切れで、済美がこの苦しい試合をモノにした。

思わず森と目を見合わせた。「『やれば出来る』は魔法の合いことば」というフレーズが印象的な学園歌を控えの選手たちと一緒になって口ずさみながら、僕もたしかに興奮していた。

試合中につけていたこの日のメモは、次の一文で終わっている。

『厳しいゲームをモノにした。高校野球で優勝するのは大抵こういうチーム』

しかし、結局はそれも部外者の勝手な筋書きだ。こちらから見た相手側にも、ここに至るまでの経緯があって、勝って終わりたいという願いがある。

二日後、八月八日。快晴の坊っちゃんスタジアムで、済美の三年生たちの高校野球は静かに幕を降ろした。

準決勝　●5―6宇和島東

優勝という目標にあと一歩届かなかったと見るべきか、それとも高校野球がたった一日早く終わっただけと見るべきか。

いずれにせよ、彼らとつき合ってきた二ヶ月半で、少なくとも僕の主観ではこれがもっとも素晴らしい試合だった。

五月のあの日、「たとえ優勝しても喜べる気がしない」と口々に言っていた選手たちが泣いていた。悔しさに涙を流し、高校野球の最後を迎えることができていた。

それ以上に印象的だったのは、駆けつけた保護者に向けた挨拶で「後悔はありません」と胸を張ったキャプテンの山田の言葉だ。

それを証明するように他の三年生たちもみな誇らしそうに胸を張り、降り注ぐ真夏の太陽に照らされていた。

第六章

「もの悲しさ」の正体は何？

石川／兵庫　二〇二〇年八月十二日〜十五日

済美、星稜両校のある愛媛県と石川県の代替大会は日程が重なっていた。愛媛県は八月一日〜九日に試合が集中し、石川県は週末を中心に七月十一日〜八月九日の日程で大会が組まれていた。

仮に両校とも順調に勝ち進んでいった場合、とくに大会終盤の日程がぶつかり合う。一方を追いかけるともう一方の試合が見られなくなるとわかったとき、僕とドキュメンタリー番組ディレクターの森は迷わず済美を追うことを選択した。

星稜の夏がここで終わらないのが一番の理由だった。たとえ石川県大会で土がついたとしても、星稜にはまだ甲子園での交流試合が残されている。見るべきは最後の試合を終えた直後の選手たちの表情だ。ならば勝っても負けてもここで終わる済美を見るべきという考えからだったが、もう一つ大きな理由があったと思う。

星稜が石川で負けることはないだろうという判断だ。もちろん県大会を勝ち抜くことの難しさを甘く見ていたつもりはないが、県内の公式戦三十五連勝中という実績をはじめ、ここ数年の石川における星稜の力はそれほど突出していた。

下級生を含めたフルメンバーで挑むことが決定し、直前の智辯和歌山との練習試合でチームがまとまったことを選手たちも実感していた。万全を期したはずだったし、心の隙《すき》など決してなかった。

しかしいざ蓋を開けてみると、星稜もまた大会を通じて苦しい展開を強いられた。

一回戦　○6―1大聖寺
二回戦　○6―0小松商業
準々決勝　○9―0金沢（七回コールド）
準決勝　○7―0津幡（七回コールド）

結果だけ見れば盤石だ。投手陣はほぼ失点を許していないし、準々決勝、準決勝をコールドで勝っているのもさすがと言っていいのだろう。

それでも、インターネットのリアルタイム中継で試合を見ていた僕には相手を圧倒する強さは感じられなかった。画質の粗いパソコンのモニター越しに、楽しそうに野球をしているのはむしろ敗れた対戦相手の方に見えていた。

勝って当然という周囲の期待はプレッシャーしか生み出さない。東海大相模や横浜といったライバル校が数多くあった高校時代の僕たちですら、秋の神奈川県大会、関東大会を一つも取りこぼさず優勝したあとは、県内で似たような視線にさらされたことをよく覚えている。

もしその見立てが当たっているのだとすれば、星稜の選手たちに同情心に近い気持ちが湧《わ》いてしまう。実際、僕と森も「星稜は負けないだろう」と踏んでいたのだ。そのやりづらさを如実《にょじつ》に感じたのが、決勝の日本航空高校石川との試合だった。

当然、航空石川も全国に名を馳《は》せる強豪校だ。メンタルコーチを招いて行われた大会直前のイメージトレーニングで、何人もの星稜の選手たちが「決勝の相手は航空石川」と、その名前を挙げていた。

とはいえ、前年秋の公式戦二試合で、16—2、19—1と圧倒したチームである。選手たちにそのイメージは残っていただろうし、対する航空石川の選手たちは〝打倒星稜〟に闘志を漲《みなぎ》らせていたに違いない。結論から言えば、星稜の石川県内の連勝記録は三十九でストップした。

星稜・荻原吟哉と、身長一九〇センチを超える航空石川のエース・嘉手苅《かてかる》浩太の素晴らしい投げ合いだった。

試合は五回に嘉手苅自身のタイムリーヒットで航空石川が先制。対する星稜も七回に知田爽汰のホームランで同点に追いつくという緊迫した展開で進んでいく。この観《み》る者を引き込む投手戦は、星稜のミスによって雌雄が決した。

八回、振り逃げで出た航空石川の城田凌介が盗塁を仕掛けると、キャッチャーの内山壮真が二塁へ悪送球。ボールがセンターに転々とするのを見て、内山は三塁のバックアップに向かった。すると今度は本塁ががら空きになる。星稜の選手が誰もカバーに入っていなかったのだ。

三塁に進んだ城田はその隙を逃さない。一気に本塁を陥れ、勝ち越し。そして、これが決勝点となった。

決勝　●1―2日本航空石川

当然、例年ならば黒星のついたこの時点で、星稜の三年生たちの高校野球は終わっている。

しかしこの夏に限っては、まだあと一試合、大切なゲームが残されている。

僕が三度目となる石川入りをしたのは、決勝から三日後、甲子園での交流試合まで三日と迫った八月十二日のことだった。

相当落ち込んでいるのだろうか、それともピリピリしているのか。負けた直後の選手たちの様子がまったく想像できず、僕は少し緊張していた。しかし、甲子園に備えて練習する選手たちの表情はことのほか柔らかく、安堵《あんど》すると同時に拍子抜けもした。

最初に話を聞いた顧問で野球部部長を務める山下智将《としまさ》は、やはり大会を通じてチームが受け身だったことを指摘した。

「優勝を決めた瞬間、航空の選手たちがマウンドに集まって喜びを爆発させていましたよね。あの光景を見たとき、うちが勝ったときはどうしていたかなと思ったんです。心の底から喜んでいたとしても、同じように表現することはできなかったんじゃないのかなと」

キャプテンの内山はこんなふうに振り返った。

「これが最後の大会だったので、みんなで楽しもうという話はしていたんですけど、チーム全体として勝たなければいけないという思いが強すぎて、大会中ずっと気負っていた気がします。とくに決勝戦は航空石川の方がはるかにいい雰囲気で野球をしているのを守っていても感じました」

そんな内山を筆頭に、話を聞いたすべての選手が大会で負けた悔しさを、そして甲子園への意気込みを口にしていた。

しかし、星稜の練習風景はそんな言葉とは裏腹に落ち着いたものだった。敗戦を引きずったような悲壮感も、甲子園に向けての気負いも感じられない。

貴重な場面にも立ち会えた。八月十三日の練習後、数名の選手たちが室内練習場で個人練習をするというので僕たちも同行させてもらった。

内野がすっぽり入りそうなほど広い室内練習場に、五人の選手がいた。内山と知田の二人はバッティング練習をし、笠井昴己と高木宏望がティーバッティングで汗を流している。控えの田村天は「知田くんと家が近所なので」と、仲間たちの練習が終わるのを待っている。

天井近くの窓から柔らかい陽が差し、乾いた打球音が耳に心地いい。一人ぽつんとしていた田村に、『愛媛新聞』記者の山本がすでに連載の始まっていた一、二回目の紙面を手渡すと、興味を示した他の選手たちもぞろぞろと集まってきた。

石川では読めない愛媛の地元紙を、みんな奪い合うようにして読んでいた。お調子者の笠井はわざわざ人工芝の上に正座し、食い入るように熟読して、一気に記事を読み終えるといたずらっぽく微笑《ほほえ》んだ。

「めちゃくちゃおもしろいです。え、これいつか済美から星稜に来るんですよね？

自分まで取材されてないんですけど」

そんな冗談に他の選手たちがいっせいに笑い声を上げる。とても穏やかで、温かく、そして静謐《せいひつ》な時間だった。遠い将来、自らの高校時代を思い返すとき、脳裏をかすめるのは案外こういう瞬間なのではないだろうかと、僕は他人事《ひとごと》のように感じていた。だから、選手たちはすべて吹っ切れた。甲子園ではきっといい試合をするだろう。そう考えるのが早計であることを、僕はもう知っている。すべての対戦相手にそれぞれの物語があって、特別な夏を過ごしているのは間違いない。

それを理解していても尚《なお》、せめて何かを祈りたい気持ちだった。彼らの高校野球はあと二日で終わるのだ。

再び練習に戻った選手たちを見つめながら、その瞬間が笑顔であることを切に祈った。


翌日、一日遅れで甲子園に向かう控え選手に見送られ、ベンチ入りメンバーがバスに乗り込んだ。

その間際《まぎわ》、監督の林和成はこんなことを言っていた。

「県大会の決勝で負けたことで、甲子園の意味合いが少し変わりました。同じ夏に二度負けるわけにはいきません。目いっぱい楽しんで、勝ってきます」

バスが丘を下っていくと、残った控え部員たちが笑いながらグラウンド脇《わき》の土手に駆け上がり、一列の陣形を整えた。

この夏、何度か目にしてきた光景だ。遠征で訪れた対戦チームを見送るときなどに行うもので、山下は「うちの伝統です」と言っていた。選手たちを乗せたバスが再び姿を現すまでの間、一年生部員らが先輩たちから「目立てよ」などと弄《いじ》られている。

そうこうしているうちに、バイパスに乗ろうとするバスが見えてきた。選手たちがいっせいに立ち上がり、声を上げながらウェーブを作る。バスに乗った選手たちもこちらに向けて手を振っている。

そんな光景を見つめながら、僕は直前の林の話を思い出していた。

この「同じ夏に二度負ける」という言葉も、これまでに存在しないものだったのではないだろうか。

そんなことをボンヤリと考えていた。

無観客での開催だったために、現地での観戦は叶《かな》わないのだろうと思っていた。それが直前に『デイリー新潮』での観戦記の執筆が決まり、日本雑誌協会経由での取材申請が認められた。

本来であればオリンピックが終わっているはずの、二〇二〇年八月十五日。土曜日。阪神甲子園球場。

八時三十分、入場。

その先の宇宙まで透けて見えてしまいそうな深い青空に、輪郭のハッキリとした応援スタンドが映えている。

水撒《みずま》き直後のグラウンドが太陽の熱を吸収している。バックネット裏の銀傘《ぎんさん》の下に腰を下ろし、球場全体を見渡してみる。

この夏ほど日陰が涼しいものと痛感したことはない。甲子園名物の浜風が頬を撫《な》でる。両チームの控え選手と保護者が内野席にやって来た。見慣れた光景と、身に覚えのある緊張感。

それでも当然、いつもの夏とはまったく違う。胸に迫るのはこれから試合が始まるという高揚感ではなく、もの悲しさだ。

一般客のいないスタンドに、春のセンバツのテーマ曲『今ありて』が流れている。セミの鳴き声が妙に耳につく。いつも満員の甲子園に人がいない。そのことになかなか慣れない。もの悲しさは一向に消えてくれない。

九時。

先に星稜の選手たちがレフト後方からグラウンドに現れる。

遅れること十分、履正社の選手たちもライトの奥から登場する。

毎年のように甲子園を賑《にぎ》わす両チーム。アイボリーカラーの星稜と、ネイビーが印象的な履正社。二つのユニフォームが醸《かも》し出す〝格〟は互角に見える。

一つ一つの音がクリアに聞こえてくるまばらな拍手の中、選手たちのウォーミングアップが始まった。

九時二十分。

星稜の先発・荻原吟哉がブルペンへ向かう。その手にはこの年から使用が許可されたブロンドカラーのグローブ。五分遅れてキャッチャーの内山壮真もブルペンへ。二人は何やら話し込んでいる。

九時三十分。

星稜、履正社の順番でシートノックが始まる。両校の選手ともさすがによく鍛えられている。

十時三分。

プレイボール。甲子園を象徴するサイレンが鳴る。

ワッとグラウンドに散っていった選手の声のあとに聞こえてきたのは、ブラスバンドの楽器の音でも、スタンドの声援でもなく、やっぱりセミの鳴き声だった。

前日の練習後、林は僕にこんなことを語っていた。

「大阪桐蔭に勝って甲子園に乗り込んでくる履正社と、航空石川にやられたうち。去年の優勝校と、準優勝校。実力は間違いなく向こうの方が上です。でも、少しでも履正社が受け身に構えてくれたらおもしろいことになるとは思っています」

ある種の期待を伴って、林の言葉がずっと頭に残っていた。しかし試合開始からわずか数分で、僕は前年の優勝校に驕《おご》りも油断もいっさいないことを思い知った。

履正社は初回から星稜先発の荻原を攻め立て、早々に2点を先制すると、二回には五本のヒットに四死球を絡《から》め、息吐《つ》く間もなく一挙6点を奪い取った。二回を終えた時点で0—8。早々に試合を決定づける。

星稜は三回から登板した二年生の野口練《れん》が好投し、なんとか試合を引き締めたが、履正社は手を緩めない。点差が開いたあとも徹底して犠打を試み、また「甲子園での思い出作り」的に途中から出場する選手が一人としていないことも印象深かった。

王者に盤石の試合運びをされ、星稜は終始苦しい展開を強いられた。それでも、グラウンドの選手たちの表情は最後まで明るいままだった。ベンチの大声がスタンドにいる僕にまで聞こえてくる。その声は終盤に近づくほど大きくなる。

1―10という大差をつけられ最終回を迎えても尚、星稜の選手たちに諦《あきら》めている様子はなかった。さらに大きくなっていくベンチの声に気づいたとき、僕は不意に「もの悲しさ」の正体に触れた気がした。

最後まで諦めないこの姿を、多くの人の前で披露させてあげたいと思ったのだ。この二ヶ月余り、間近で見てきた選手たちに対して僕には親心に近い気持ちが芽生えていた。ベンチの声がスタンドに届いていてはダメなのだ。セミの鳴き声は馴染《なじ》まない。それは僕たちの憧《あこが》れた甲子園の姿ではないはずだ。彼らの声をかき消す大声援の中で、できれば最後の試合をさせてあげたかった。

そしてもう一つ、僕には「もの悲しい」と感じる理由があった。スタンドにいる控え選手たちの姿だ。

センバツ出場校に対する救済措置として、今回の甲子園交流試合はおそらく成功だった。観客はいなくとも、ブラスバンドの演奏はなかったとしても、グラウンドの選手たちは間違いなく真剣勝負ができたはずだ。

では、スタンドの選手たちはどうだったか。運営側がすべてをお膳立《ぜんだ》てできるとは思っていないし、最善が尽くされていたのも理解している。

それでも僕自身が補欠だったからよくわかる。背番号をもらえた選手にとってグラウンドがお披露目の場なのだとしたら、控えの選手にとってはスタンドでのどんちゃん騒ぎこそが最高の晴れ舞台だ。

この夏、田村天や荒井貴大は応援席で声を上げることすら許されなかった。口をマスクで覆《おお》い、仲間とも一定の距離を保ち、グラウンドに向け拍手しか送れない三年生の控え部員にとっても、この甲子園は「救済」となり得たのだろうか。

表情さえ見えない彼らの姿を遠くから見つめながら、そんなことを考えた。

九回裏、星稜の最後の攻撃の直前に正午を迎えた。

終戦記念日を告げるサイレンが鳴る。

幼い頃から目にしていた場面、この国の真夏の光景。

ワンアウトから打席に立ったのは、この試合、履正社のエース岩崎峻典《しゅんすけ》に完全に抑え込まれていたキャプテンの内山だ。

この夏、僕は内山に本当に多くの話を聞かせてもらった。取材中のメモを見返すと、最初のインタビューから内山の言葉が少しずつ変遷《へんせん》していっていることに気づく。野球の「楽しさ」について語る言葉だ。

常勝チームのキャプテンとして、プロ注目のスター選手として、あるいは記者やスカウトたちによる「意識が高い」という評価まで含め、内山はあまりに多くのものを背負い込んでいた。取材させてもらっている身でありながら、息苦しいだろうと感じたことも一度や二度じゃない。

そんな内山が理想とする野球は、おそらく全国優勝した中学時代でも、甲子園で準優勝した前年のチームでもなかったはずだ。はじめてバットを握った小学生の頃、「野球が本当に楽しかった」という話を、この夏、僕は何度か聞いてきた。

その頃、内山はいまよりワガママに野球をしていたに違いない。何も背負わず、何も抱えず、ただ自分が楽しいからバットを振って、おもしろいからボールを投げた。そんなシンプルな野球に魅了されたのではなかったか。

取材を始めた当初は、よく聞く一般論として聞き流してしまっていた。でも、たくさんの言葉を交わしてきたいまならわかる。甲子園に発《た》つ直前に語っていた「野球を楽しみたい」という思いは、内山が何年ももがいてきた先に導き出した切実な願いだった。

その内山の高校野球の最終打席、最後の瞬間を、僕はあえてスタンドから見届けなかった。結果がヒットであれ、三振であれ、たとえフォアボールであったとしても、最後にどんな表情を浮かべるのかどうしても知りたかった。

モニターが設置された喫煙所には他の人の姿はなかった。音の消された画面に勝負に集中する内山の姿が映っている。

身長一七二センチ、七二キロの身体《からだ》が生身よりもずっと大きく感じられた。そして、岩崎の投じた初球だった。インコース高めに入ってきたやや甘いストレートを、内山は思いきり振り抜いた。

打球音は聞こえなかったが、直後に歓声が上がった。そのスイングスピードに、弾道の角度。これまで何度も見てきたホームラン映像と酷似《こくじ》した打球がレフト後方に舞い上がる。

会心の当たりに見えた。間違いなく行ったと思った。すぐにでもスタンドに駆けていきたい気持ちを押し殺し、僕はモニターを凝視し続けた。

すると、打球は何かに引き戻されるようにフェンス手前で失速した。そしてレフトのグローブにすっぽりと収まった瞬間、映像が二塁に到達しようとしていた内山の姿に切り替わった。その表情を表現する言葉を僕は咄嗟《とっさ》に見つけられなかった。

どこか照れくさそうな、でもとても晴れ晴れしているとでもいうふうな。悔しそうにも見えたし、なぜかうれしそうでもあった。

うまく言葉にできなかったが、大きな何かを為《な》し遂げたように胸を張ってベンチに戻る内山の顔は、少なくとも僕の見たことのないものだった。

不意に鼻先が熱くなった。

自分がいったい何に感極まっているのかも、このときの僕はまだよく理解できなかった。

甲子園交流試合 ●1―10履正社

第七章
最後に泣けた？　笑えた？

愛媛　二〇二〇年八月十七日、十八日
石川　二〇二〇年八月二十五日

夏の終わりに選手たちは泣いているのか、笑っているのか。

取材を始める前に抱いた問いに、明確に答えてくれる二つの場面に立ち会えた。

一つは、愛媛県の代替大会の準決勝戦の試合直後。坊っちゃんスタジアムの通路脇《わき》で、済美高校の三年生たちが大粒の涙をこぼしていた。

夏の大会の中止が決定した五月の時点で、「代わりの大会があったとしても本気にはなれない」「甲子園に通じていない試合に意味はない」と口々に言っていた選手たちだ。「一日も早く引退させてもらいたい」と胸中を吐露する者がいて、そう口にする彼らに不満を抱く者がいた。

そんな二十三名の三年生が、一人も欠けることなく最後の試合に辿《たど》り着いた。そして、泣くことができたのだ。

記者の囲み取材に応じ、駆けつけた保護者に選手を代表して挨拶《あいさつ》したあと、キャプテンの山田響がゆっくりと僕のもとに近づいてきた。

「泣いちゃいました」

そう照れくさそうにはにかむ山田に、僕は「どういう涙？」と質問した。

取材慣れし、いつも尋ねられたことにすっと答える選手だ。その山田が、一瞬、考え込む仕草を見せた。

「なんかやり切れたなって思ったんですかね。絶対に泣かないと思ってたんですけど、みんなの顔を見たらダメでした」

「またあらためて聞かせてもらうけど、どういう三ヶ月だった？」

「そうですね。苦しいことばかりでしたけど、楽しかったです」

「甲子園はなかったのに？」

「はい。こんなこと言ったらまた怒られるかもしれないですけど、だから楽しかったのかもしれません」

星稜高校の内山壮真が甲子園で浮かべた笑顔も、深く印象に刻まれている。

たくさんの人の期待や思い、自分に対するプレッシャーを背負って戦っていた内山は、全国の球児が憧《あこが》れる「甲子園」としてではない、ただの試合会場としての甲子園球場で、子どものような笑みを取り戻した。

勝ち負けに大きな意味を持たない、少なくともチームとして次へとつながるわけではないあの試合中、内山はきっと何にも束縛されていなかった。単純に野球を楽しいと感じていただけだった。

モニターの設置された甲子園の喫煙所で、不意に目頭が熱くなった理由がいまならわかる。

そんな内山の心の内に、たとえ一瞬だとしても触れられたと思えたからだ。

済美高校野球部三年生、二十三名。

星稜高校野球部三年生、二十七名。

合わせて五十名いる二つの野球部の三年生のうち、いったい何人の選手たちと言葉を交わすことができただろう。

腰を据えて話ができた者に限れば、さらに数は少なくなる。レギュラーに限らず、控えに限らず、可能な限り多くの選手から話を聞きたいと思っていたのに、決して簡単なことではなかった。

たとえば夏に向けて調子を落としていった者には声をかけづらかった。一分、一秒も惜しいという表情でバットを振る彼らの邪魔を少しもしたくなくて、迂闊《うかつ》に声をかけることができなかった。

三年生だけじゃない。社会全体が最後の大会を失った三年生を〝お客さま扱い〟する中で、本当の意味で〝被害〟を被《こうむ》ったのは二年生かもしれなかった。

三年生が主体のチーム作りを余儀なくされ、新チームの始動が立ち遅れたケースもあっただろう。そんな二年生たちは、落ち込んだり、ふて腐れたり、注目されたり、一方的に思いを託してきたりする先輩たちをいったいどう見ていたのだろうか。

何人かからは話を聞いた。返ってきたのは「でも、先輩たちは苦しい思いをしているので」といった優しい言葉ばかりだった。

もちろん、それがウソとは思わない。ただ、仮に彼らの胸の中に鬱屈《うっくつ》した思いがあったとしても、絶対にそれは表に出てこない。あの年の三年生をどう見ていたか。彼らが語れるのはもう少し先のことになるだろう。

話を聞かせてもらった多くの選手たちにお願いしてきたことがある。

「すべての活動を終えたとき、二〇二〇年の夏がどんな夏だったのか、教えてほしい」

だが、引退から数週間後に最後のインタビューに臨めたのは、済美三人、星稜三人の、合わせて六人だけだった。そのことも含め、取材にはたくさんの悔いが残っている。

それでもこの六人の言葉は、二つの高校の野球部で起きたことだけでなく、新型コロナウイルスの蔓延《まんえん》に沈んだ二〇二〇年の高校野球の、この国の高校生の、もっと言えば社会全体の空気を代弁していると信じている。

夏の終わりに訪ねた場所で、彼らは僕の一方的な思いに応《こた》えてくれた。すべての言葉が腑《ふ》に落ちた。

まだまだ灼熱《しゃくねつ》の陽が差していた。

それでも、出会った頃とは見違えるような彼らの姿がそこにあった。

内山壮真（星稜高校）　八月二十五日・星稜高校野球部グラウンドにて

――内山くんにとって、二〇二〇年の夏がどういうものだったか教えてください。

「今年の夏の甲子園は一試合しかなかったんですけど、その一試合で野球ができる喜びというものをすごく感じました。

やっぱり勝たなければいけないとか、そういうプレッシャーや背負ってきたものがたくさんあった中で、中学三年生くらいから本当に心から野球を楽しめなくなっていた自分がいました。

練習をするのもつらいと感じていた高校の三年間で、甲子園にもたくさん出させてもらったんですけど、自分の力が発揮できずに終わった大会がほとんどでした。今年も一試合の中で自分の成長を見せなくちゃいけないと思っていたんですけど、一、二打席目は結局これまでの甲子園と何も変わらない内容でした。

それが、点差が開いていたこともあったと思うんですけど、三、四打席目に『これで最後か』と思ったとき、自然と『野球を楽しもう』という気持ちが湧《わ》いてきたんです。そうしたら本当に楽しめる感覚になりました。

中学、高校で一番大切なものを見失っていた自分がいて、最後の最後でそのことに気がつけました。コロナがなかったらなかったことだと思います。

これから野球を続けていく上で、自分にとってもっとも大切なものを見つけられた夏だったと思っています」

――内山くんの「背負っていたもの」とはなんですか。

「勝ちにこだわりすぎていたことです。負けたらダメなんだと中学三年生の頃から思い始めて、負けることに対する恐怖感が年々強くなっていきました。野球を楽しむことを忘れていたという気がしています」

――甲子園の最終打席、レフトフライに終わった直後の笑顔の意味を教えてください。

「三年間が終わって安心したという気持ちもあったかもしれませんが、最後の最後で心から野球を楽しいと思えたので、そのうれしさが出たんじゃないかと思います」

進路（二〇二〇年十一月末日時点）
東京ヤクルトスワローズ（ドラフト三位）入団予定

佐藤敦基（済美高校）　八月十七日・「資格の大原」愛媛校にて

――佐藤くんにとって二〇二〇年の夏がどういうものだったか教えてください。

「コロナで夏の大会がなくなって、それを良かったとは言えないですけど、そうなってはじめて気づけたことがありました。

これまで当たり前に野球ができていて、そのことに対する感謝の気持ちを持てというふうに教えられていて、自分でもそうしていたつもりだったんですけど、違いました。たくさんの大人が、たとえば私学交流戦の準備をしてくれている姿などを見て、本当の意味で感謝する気持ちを持てたと思っています。

普通の夏を普通に過ごして終わってしまうより、自分たちにしか持てない感情を得たんじゃないかと思います。人間性という部分で、大きく成長できた期間だったんじゃないかと思っています」

――そういう期間を経て、これからどういう人生にしたいですか。

「自分たちは『コロナ世代』なんていう呼ばれ方をしていて、周囲から『かわいそう』と言われることが多いんですけど、あまりしっくり来ていません。

大きなものをなくしたからこそ、多くの視点で物事を考えられる人間になれるんじゃないかと思っています。本当に得たものの方が大きいと思っているので、何年か後、コロナで甲子園がなくなった世代と紹介されたときには『かわいそう』じゃなく、尊敬されるというか、この期間で学んできたものを認めてもらえるような人生にしていきたいです」

――あらためて、佐藤敦基にとってどういう夏でしたか。

「自分が失ったものの大きさより、大きく人間的に成長できた夏だったんじゃないかと思っています」

進路（二〇二〇年十一月末日時点）

消防士を目指し、勉強中

田村天（星稜高校）　八月二十五日・星稜高校空き教室にて

――田村くんにとって今年はどういう夏でしたか？

「正直に言うと、選手としての自分は八割くらい諦《あきら》めていたんですけど、コロナでいきなりチャンスが回ってきて、それって普通だったらないことで、頭も全然ついていかなかったですし、本当に僕なんかが試合に出ていいのかなと申し訳ない気持ちもありました。

　なので、僕の中で今年の夏は『こんな経験ができて良かった』という部分もあるんですけど、それ以上に申し訳ない……、申し訳ないっていう言い方も失礼なのかもしれないですけど、なんかずっと納得がいっていなかったという部分がありました。今年の夏」

――この夏、甲子園という大きなものを失いました。それに匹敵するような得たものはありましたか？

「正直、甲子園や全国制覇っていうものがあまりにも大きすぎたので、それに匹敵するものはないと思います。でも、たしかに得たものはありました。当たり前だと思っていたことが当たり前じゃなかったと気づけたことです。

学校に行くのも、野球をするのも、なんていうかこう奇跡……、奇跡が一つ一つ積み重なって当たり前になっていたんだなっていうのに気づけました。それが一つでも狂えばすべて失いかねないということも、今回のコロナウイルスで知りました」

——あらためて、田村くんがこの夏に経験したこととは？

「そうですね。そうやって申し訳ないという気持ちでやっていたとはいえ、僕もはじめて誰かを代表して試合に出るという経験ができました。ああ、これが誰かの気持ちを背負うということかってわかりましたし、それはとても重くて、責任のあることでした。

今回の夏は、これまで感じられなかったことが感じられて、経験できるはずじゃなかったことが経験できて、とても大きなものになったんだと思います」

進路（二〇二〇年十一月末日時点）

金沢星稜大学進学予定・将来の夢は金沢市内で居酒屋店主

矢野泰二郎（済美高校）　八月十八日・今治市喜田東公園にて

——矢野くんにとってどういう夏だったか教えてください。

「五月に甲子園の中止が発表されて、もちろん悔しかったんですけど、このままズルズルいってしまったら人として成長できないなってすぐに切り替えることができました。

甲子園がなくても野球はあるんで、自分は野球を楽しんで全力でやりたいなって。中止が発表されてからその気持ちがさらに強くなりました。

本当に学んだこと、得たものがいっぱいあって、自分はコロナのおかげで成長できたって言い切れる。そんな夏だったと思います」

——そのコロナがあって「得たもの」とは何ですか？

「ちょっと違うかもしれないですけど『一球入魂』みたいなことだと思います。いつ野球ができなくなるかという不安があって、でも高校野球生活があと三ヶ月というときに、はじめて甲子園のためじゃなく、自分のために練習しようと思えました。そうしたら一日一日を大切にできるようになりました。

一球入魂って、一球に対して真剣に取り組むということじゃないですか？　一日を大切に過ごすことって、自分にとっては一球入魂に近いんじゃないかと思います」

——これから矢野泰二郎はどういうふうに生きていく？

「きっとコロナはこれからも続いていくんだと思いますし、どんな状況であれ、みんな同じだと思うし、それならそこで挫折《ざせつ》するんじゃなく、自分は上を向いていたいなって思っています。その方がたぶん成長できると思うんで。

目標はプロ野球の選手になることです。これからどんな状況になったとしても、その目標は絶対に変わりません。これからも全力で、一日一日を大切に過ごしていきたいと思っています。……あの、すみません。自分からも一つ聞いていいですか？」

——何？

「星稜の内山ってどんな選手でしたか？　同じキャッチャーだし、ずっと気になってたんです」

進路（二〇二〇年十一月末日時点）
独立リーグ・愛媛マンダリンパイレーツ入団予定

荒井貴大（星稜高校）　八月二十五日・星稜高校空き教室にて

――荒井くんにとって二〇二〇年の夏はどういう夏でしたか？

「楽しかった夏です。甲子園が中止になって、六月から練習試合が始まって、本来なら自分は補佐しなければいけない立場だったんですけど、試合に出ることができました。それって星稜高校の歴史の中でも自分たちにしか経験できなかったことだと思うので、本当に価値のある楽しい夏だったと思います」

――つまり、どういう夏だった？

「うーん……。やっぱり楽しい夏でした。まわりの人からはよく『かわいそう』って言われるんですけど、自分はそうじゃなくて、この経験ってやっぱり自分たちにしかできなかったことだよなって。

マイナスだけに捉《とら》えてしまったら思考が停止してしまったり、目標が見つからなくなったりしてしまうと思うんですけど、プラスに捉えることもできると思うんです。

自分は新しい発見もたくさんあったし、たとえば野球が楽しいということや、やっぱり野球が好きなんだということに気づくこともできて、大学で野球を続けることにしました。新しい発見もいっぱいあって、やっぱり楽しい夏でした」

――そういう楽しかった夏を経験して、荒井くんはこれからどう生きていく？

「今回、周囲の大人からいろんな言葉をかけてもらいました。自分もこれから大人として生きていくことになるので、若い人たちが前に踏み出せるような言葉をかけられる人間になりたいと思います」

――この夏を経て、その「かける言葉」は変わったと思いますか？

「たぶん変わったと思います。それくらい経験というのは価値のあるものなんだと思います。そのことに気づけた夏でした」

進路（二〇二〇年十一月末日時点）
神奈川大学進学・準硬式野球部入部予定

山田響（済美高校）　八月十八日・新居浜市自宅にて

――山田くんにとって二〇二〇年の夏がどういうものだったか教えてください。

「甲子園の中止は、自分にとっては十八年間生きてきた上で、正直、身内が亡《な》くなったことよりもつらいことでした。

　現実として受け止められない自分がいましたし、だからと言って、ここで挫折したらいけないということも頭ではわかっていて。キャプテンという立場でどういう態度を取ればいいのかずっと悩んでいました。

　その中で出てきたのが『二十三人全員で笑って高校野球を終わらせたい』という思いでした。そのために自分がわがままを言うこともあったと思うのですが、最後に『山田と高校野球をやり遂げられて良かった』って言ってくれる仲間もいて。キャプテンも、高校野球もしてきて良かったと思えた夏でした」

――そんな経験をして、山田くんはこれからどう生きていきますか？

「この先の長い人生、自分は自立して、社会に出て、仕事をして、家族を作って……という計画があるんです。大げさかもしれないですけど、この夏に起きたこと以上につらいことがこの先あるとは思っていないので、多少つらいことがあったとしても、平気な顔して、笑って、自分が歩むべき道を進んでいけたらいいなと思っています」

——その「この夏のつらさ」って言葉にするとどういうもの？

「自分が懸けてきたものに挑戦さえできないことです」

——これからも乗り越えられる？

「はい。乗り越えられると思っています。誰でもできるわけではない経験を自分たちはさせてもらって、自分はそれを奇跡だと思っているので。

　どんなに苦しいときでも、プライドだけは壊したくないと思っていました。弱音を吐かずに向かっていく姿をこれからも見せられたら、どんな困難でも乗り越えられるという自信があります」

進路（二〇二〇年十一月末日時点）
松山大学進学・硬式野球部入部予定

エピローグ

「あの夏」がどういったものだったのかを教えてください

神奈川　二〇二〇年秋

愛媛と石川を四往復もすることになるなんて夢にも思っていなかった。

わずか三ヶ月の総移動距離は七千キロを超えた。松山、金沢のみならず、両県内の各所を巡り、岡山や甲子園にも足を延ばした。

感染リスクを抑えるため、移動はすべて車を使用し、どこにも立ち寄らずにノンストップで目的地を目指した。自分が罹患《りかん》すること以上に、自分が媒介者となることに恐怖を覚えた。たった一年前には想像もつかなかった「最後の夏」を過ごしている二つの高校の三年生たちに、絶対に迷惑はかけたくなかった。

そんな移動の車の中で『愛媛新聞』記者の山本憲太郎に言われたことがある。

「このルポのゴールはひょっとしたら桐蔭学園を訪ねることかもしれませんね」

二〇二〇年の六月にはじめて石川に向かったときだ。片道八時間という時間を持て余し、車の中で僕が口にした高校野球の思い出話を、今治西高校の野球部出身で、やはり自らの高校野球に思うところのある山本は興味深そうに聞いていた。そして出てきた提案だった。

それを聞いたとき、僕は「それもありかもね」と答えたはずだ。でも、本音ではあまり気乗りしなかった。四十歳を過ぎて何をいまさらと自分でも呆《あき》れるが、現役当時のことを思い返すと、いまだに緊張と憂鬱《ゆううつ》がセットになって胸に迫る。

しかし、だからこそ最後に母校に足を運ぶのはありだと思った。すべての取材を終えたときに、自分があの場所で何を感じるのか想像もつかなかったからだ。

だが、ようやく母校を訪ねることのできた十一月には、僕はこの訪問がほとんど意味を成さないことに気づいていた。

きっとこの夏、数十年ぶりに現役の球児たちと、そしてほとんどはじめて指導者たちとたくさんの言葉を交わしてきたからだろう。高校野球に対する恨みがすでに解《ほど》けているのを自覚していた。

案の定、久しぶりに訪ねた母校のグラウンドで、僕は深く息を吸い込むことができた。済美高校監督の中矢太が「実はグラウンドをリニューアルしたときに桐蔭学園を参考にしたんです」と言っていたあざやかなブルーのフェンスに、外野に敷き詰められた人工芝の緑。

その上に腰を下ろし、僕は山本の質問にいくつか答えた。

「何かこのグラウンドの見え方は変わりましたか？」という問いかけに、僕は練習の準備をする後輩たちを見つめながら答えた。

「質問の答えになっていないのはわかっているけど、なんかいま猛烈に野球がしたい」

山本はカメラのシャッターを切りながら笑っていた。

今回の取材を始めたのは、とても個人的な理由からだった。新型コロナウイルスが危機感を持って語られ始めた二〇二〇年四月、僕は自分の書くものに苦しんでいた。

世界全体が大きな何かを失い、あきらかに日常が色を変えようとしている。それはわかっているのに、その「何か」の正体がつかめず、何を書けばいいのか混乱して、いまにも筆が止まりそうでこわかった。そんなときに出会ったのが、まさにいま「甲子園」という絶対のものを失おうとしているこの年の野球部の三年生たちだった。

僕は素直に彼らに教えを請《こ》いたかった。裏を返せば、彼らを利用しようとしたのだと思う。目に見える形で大切にしてきたものを失った彼らが、この夏、何を感じ、どう振る舞うのか。何を失い、何を得るのか。彼らが夏の終わりに泣けているのか、笑えているのかをこの目で見届けたいと心から願った。だから小説家としてデビューした二〇〇八年六月以来、はじめて自分の意志で書くことを中断した。

「いま何を感じているのか教えてほしい」

　こんなにも謙虚な気持ちで、かつ申し訳ないと思いながら取材に向かったことはなかったと思う。でも、謙虚なだけでは、申し訳ないと思うだけでは通用しない取材でもあった。

　選手によって見せる顔が違ったはずだ。語る言葉を有していると感じた選手には聞き耳を立てることに徹し、警戒心の強そうな選手にはあえて敬語を捨てて距離を縮め、言いたいことのありそうな選手には自分の高校時代の話を先に聞いてもらい、思いはあるのに言葉が出てこないと感じた選手には助け船を出そうとした。

　そうして三ヶ月間、彼らの大切な時間と場面に立ち会わせてもらい、僕は自分の心が少しずつ解けていくのを感じていた。

　幼い頃から憧《あこが》れていた甲子園を失った二〇二〇年の夏。もちろんみんながみんなというわけではないだろうが、少なくとも僕の見てきた選手たちは、その憧れに付随するプレッシャーから解放され「野球が楽しい」というシンプルな境地に辿《たど》り着いた。

　この「甲子園がなくても野球が楽しかった」、あるいは「甲子園がないから野球を楽しめた」という言葉に、僕は救われる思いがした。小説を書くことは苦しくても、書くことでしか満たされない自分がいる。デビュー当時、ただ書くことに喜びを感じていたはずの自分が、いつしか頭でっかちになっていた。

何を書くのか、なんのために書くのかなど二の次でいい。世界がどう変化したとしても自分のすべきことは変わらない。書くという行為で目の前の現実とひたすら向き合っていくだけだ。

この取材を終えた頃には……、いや、本当はもっと前からだ。僕は早く小説を書きたくて疼《うず》いていた。

そんなふうにシンプルな思いに立ち返ることができたのは、間違いなく、彼らと出会えたからだった。

愛媛県の代替大会準決勝で宇和島東高校に敗れたあと、済美の選手たちはそのままバスでグラウンドに戻った。

室内練習場での三年生たちの最後のミーティングに、監督の中矢は僕とドキュメンタリー番組ディレクターの森義隆、そして『愛媛新聞』の山本の三人だけを招いてくれた。

「メディアの前で最後のミーティングをしたくないんです」と微笑《ほほえ》む中矢の手前、そこでのやり取りを克明に記そうとは思わない。森もカメラを向けなかったし、山本もレコーダーを回さなかった。彼らの高校野球がまさに終わろうとしている瞬間を、僕たちはなるべく邪魔したくなかった。

しかし、ミーティングが終わろうとしていた頃、僕はコーチの田坂僚馬に「みんなに挨拶《あいさつ》だけさせてもらえませんか」とお願いした。選手みんなと顔を合わすのがこれで最後だと気づいたからだ。

心がもっとも揺れていた三ヶ月、彼らは僕たちを受け入れてくれた。快く……というわけではなかったかもしれないし、中には邪魔だと思っていた者もいただろう。それでも逃げずに向き合おうとしてくれた彼らに、どうしても直接お礼を言いたかった。

五月二十二日付の『朝日新聞』に僕はこんな文章を寄せている。

『選手一人ずつ、その立場や思いによって「この夏の正解」が違うのだ。ならば、自分自身で見つけてほしい。メディアが垂れ流すわかりやすい悲劇の駒《こま》としてではなく、たとえ尊敬に値するにしても大人たちの言葉でもなくて、今回だけは、自分の頭で正解をひねり出し、甲子園を失った最後の夏と折り合いをつけてもらいたい』

それまでの〝当たり前〟がことごとく覆《くつがえ》されていった二〇二〇年が過ぎ去り、選手たちにしつこく聞いてきた「この夏の正解」は「あの夏の正解」に形を変えた。

絶対に答えを誘導するまいと自分に言い聞かせていた。そもそも僕の中に答えめいたものすらなかったのだ。教えてもらいたいと願う立場の人間に誘導などできるはずもなかったのだが、一つだけ、高校野球の先輩という顔をして彼らに求めていたことがある。それは「考えてほしい」ということだ。

かつてない夏だったとはいえ、その時期をボンヤリとやり過ごすことも、そういうものだと流されることもできたと思う。チームの雰囲気と自分の考えがいつの間にか同化し、自然と違和感を打ち消すこともできただろう。

自分もそこにいたからよくわかる。上意下達と、集団心理。「甲子園」というわかりやすい目標を共有できているのならいいかもしれない。しかし、二〇二〇年の夏はそうじゃなかった。僕はその特別な夏を過ごしている選手たちに、どうしても流されることを拒んでほしいと願っていた。

はからずも最後のインタビューで何人かの選手が言っていたように、彼らにしか経験できない貴重な夏を過ごしていたのだ。そこで感じたことを教えてほしいと思っていたし、その気持ちは取材を終えたいまも微塵《みじん》も消えていない。

何年後、何十年後かにまた「あの夏」がどういったものだったのかを教えてほしい。心からそう願っている。

済美の室内練習場。最後の夏を終えた選手たちに、いまさら言うことではないとわかっていたが、僕はみんなに最後の挨拶をさせてもらった。

「将来、この夏を経験したみんなが社会のど真ん中で活躍しているべきだと本気で思っています。三ヶ月間、本当にありがとうございました。楽しかったです。必ずまた会いましょう」

建物の中は水を打ったように静まり返っていた。あの瞬間、なぜかセミの鳴き声も聞こえなかった。

深く頭を下げ、元いた場所に戻ろうとしたとき、体育座りをした選手たちの端にいたキャプテンの山田が突然「気をつけ、礼！」と口にした。

そして「ありがとうございました！」の選手たちの大声が響いた。

いまだから言う。いかにも野球部らしい一糸乱れぬあの挨拶をずっと苦手に思っていた。

でも、このときばかりは妙にそれが心地よかった。

選手たちが笑っていた。

ゆっくりと、セミの鳴き声が戻ってきた。

追章（文庫書き下ろし）

いま振り返って、「あの夏」はどんな夏でしたか？

愛媛　二〇二二年三月二十九日
石川　二〇二二年四月三日

あの夏から……と振り返るには、ひょっとしたらまだ早いのかもしれない。

甲子園大会に限らず、若者たちの多くの憧《あこが》れと、当たり前と信じ切っていた日常がことごとく奪われていったあの夏から一年半――。僕は久しぶりに二人の指導者に会いにいった。

人類にとって未知だった新種のウイルスはその姿形を少しずつ変えながら、日々の生活から消え去ったことは一度もない。「コロナ禍」と呼ばれる状況は、本稿を執筆している二〇二二年四月時点でも続いている。

二〇二〇年の夏に僕の取材を受けてくれた済美高校の中矢太と、星稜高校の林和成は「あの夏」をどう捉えているのだろう？

胸に刻まれた光景がある。それが二〇年八月二十五日の出来事だと正確な日付を記すことができるのは、星稜高校の三人の選手に最後のインタビューをさせてもらった日であるからだ。

彼らへのラストインタビューを終えて、夕刻、僕はすべての取材が終了したことを報告するためにグラウンドに向かった。

まだまだ灼熱《しゃくねつ》の太陽の差すグラウンドの隅で、林はユニフォーム姿で練習を見つめていた。

当然のことであると理解はしながら、僕はその光景に思わず目を奪われた。自分にとっての〝夏〟が幕を下ろし、追いかけてきた三年生たちがそれぞれ野球部のOBとなる中で、林だけは何も変わらず、真っ黒に肌を焦がし、新チームの指導をしていることに鮮烈なおどろきを覚えたのだ。

僕は一、二年生がバッティング練習をしているグラウンドに足を踏み入れ、林に声をかけた。

「すごいですね。何も変わってない。こうやってチームって続いていくものなんですね」

これまでの取材の過程で、林から何度か「高校野球の指導に終わりはない」という話を聞いていた。

そもそも二人の指導者へのラストインタビューを文庫化のタイミングまで待とうと思った理由がそれだった。ときが来れば必ずチームを去っていく選手たちとは異なり、指導者たちは残り続ける。ならば可能な限り時間を置いて、少しでも俯瞰《ふかん》して「あの夏」を語ってもらおうという考えからだ。

いつかのやり取りを覚えていてくれたのだろう。僕の抽象的な質問に、林は察しようくうなずいた。

「本当にそうなんです。三年生の夏が終わった瞬間に、新しいチームがスタートします。終わりはありません」

「なんか、それってちょっと苦しいですね。無間《むげん》地獄とは言いませんが」

「ハハハ。どうなんでしょうね。すごく楽しいことでもありますよ」

星稜高校の野球部は、二〇年の夏以降も新型コロナに翻弄《ほんろう》され続けた。内山壮真らの次の世代、中田達也がキャプテンとして率いたチームは、最後の夏の石川県大会準々決勝、遊学館戦を目の前にして複数名の選手たちの感染が発覚。大会の出場辞退を余儀なくされている。

その二ヶ月後の二一年九月には、夏の甲子園大会への思いを滲《にじ》ませながら、林が半年後の監督退任を表明した。

「就任時より『10年を一区切り』と決めておりました。9年目で準優勝を果たし、10年目で優勝という目標のもとで取り組んできましたが、新型コロナウイルスの影響で戦うことができませんでした。あと1年という思いで全身全霊で取り組んできましたが、結果として成し遂げることができませんでした」

　さらに新しい代となり、二〇年当時の一年生が最上級生となって、林にとって最後の甲子園となる二二年の春の選抜大会の出場権は勝ち取った。しかし、それからもチームの苦難は続いていく。

　まず春の甲子園まで三ヶ月を切った一月十二日に数名の選手の感染が発覚。高校入試の時期とも重なり、一月中はほぼ練習を行えなかった中で、二月に入ると再び何名かの選手が罹患《りかん》、林自身にも陽性反応が出た。

　コロナによる部活停止期間と学校の学年末試験、また記録的な大雪の影響も重なって、結局、一～三月の間にグラウンドで練習ができたのはわずか数日のみだったという。実践的な練習をほとんどできていない状況で、二二年の春、星稜高校は甲子園へと乗り込み、ベスト8という結果を残したのだ。

　新型コロナに散々振り回され、しかも指導者としての役割をひとまず果たし終えた林には、もしかしたら「あの夏」を振り返る余裕があるのかもしれない。

　では、中矢の場合はどうだろう？

「絶対に優勝する」と意気込んで挑んだ二〇年の代替大会を準決勝で負けて以降も、済美高校は苦しい時期が続いている。愛媛県の三位校として四国大会に進出したことはあったものの、いまだ県を制したことはなく、甲子園にも出場していない。

夏の捲土重来《けんどちょうらい》を目指して、中矢は今日もグラウンドに立ち続けている。コロナ禍が過ぎ去っていないのと同じように、ひょっとすると中矢は一人「あの夏」の只中《ただなか》にいるのではないのだろうか。

振り返るには、まだ早いのかもしれない。そんな気持ちを抱きながら、僕は二人に会いにいった。

片や二年前と同じグラウンドで、片や二年前には想像もできなかった郊外の喫茶店で。それぞれの場所で、同世代の二人はやはり温かく迎えてくれた。

あいかわらず部外者である小説家の無礼な質問を、指導者たちは今回も笑いながら受け止めてくれた。

中矢太（済美高校監督）　三月二十九日・済美高校野球部グラウンドにて

——最初にチームとして、指導者として、一番混乱していた時期に部外者である僕を招き入れてくれた理由を教えてください。

「そうですね。その理由は二つあったと思います。一つは、どうやら夏の甲子園が怪しそうだと、最後の大会がやれそうにないと、そんな話が舞い込んできたとき、もし本当にそうなったら自分は三年生に何を残してやれるのかと考えていた時期だったんです。そんなときに早見さんから取材の依頼がありました。彼らに何か残るものを提供してやれるのではないかと考えたことがまず一つ。もう一つは、早見さん自身に対する興味からです」

——どういう意味でしょう？

「最初の出会いがね、やっぱり衝撃だったんです。自分と同じように高校野球をやっていた人が、しかも桐蔭学園のような名門校で野球をしていた人が、ハッキリと『高校野球を恨んでいた』とおっしゃった（笑）。いまもこうして高校野球に携わっている私の周りには、そんな視点を持った人ってやっぱりいないですから。

私自身がすごく興味を惹《ひ》かれて、『こういう人の目に今年の三年生たちはどんなふうに映るのだろう』だとか、『この人はどういったものを三年生に与えてくれるのかな』だとかですね。そんなことを思って、あの取材をお受けしたというわけです」

――この本は見方によっては「右往左往する中矢監督の姿を描いたもの」とも受け取れます。事実、「指導者はあんなふうにブレるべきではない」といった批判の声もあったと聞いています。僕を招き入れたことを現在どのように捉えているのでしょう。取材を受けなければ良かったと感じたことはありませんか？

「いえ、それはまったくありません。三年生にとってもそうですけど、済美高校の野球部にとっても、済美高校という学校にとっても貴重なものを残してくれたと思っています。

批判に対しては、そうですね、たとえば初代監督の上甲正典という人は、それはもうブレない監督でした。私自身、そういった姿に憧れていた時期もたしかにあったんですけど、まぁ、でもブレますよ、私は。そんな自分自身の生身の姿も含めて、あの取材をしてもらったと思っています。

批判の声があったとしても、それでいいんじゃないでしょうか。そんなことより、あの大変だった三ヶ月という時間を早見さんが一緒に歩いてくれて、選手たちからも率直な声を聞いてくれました。そのことの方が私はずっと価値を感じています」

——そもそもですけど『あの夏の正解』は読んでいただけましたか？

「もちろんですよ（笑）。新聞の連載でも読んでいましたし、ウェブでも、本になってからも読みました」

——僕自身は、自分の目で見て、耳で聞いて、心で感じたあの夏の三ヶ月間を本に閉じ込められたと信じています。でも、当事者としての中矢さんの見た三ヶ月とはきっと違うのだろうとも思っています。あえての批判があれば聞かせてください。

「うーん、そうですね。いや、批判というのとは違いますし、そもそも不思議と自分が当事者という感覚もなく、一読者というか、わりと客観的に読んでいたような気がします。その上で一つだけあるとしたら、『もうちょっと、あいつのこういう部分を取り上げてほしかったな』というのはあったかもしれませんね。人選に文句があるわけではないですし、時間が限られていたことも理解しているのですが、『高校時代に大人たちが自分を〝補欠〟としてしか見ていなかった』とおっしゃる早見さんだからこそ、すべての三年生から話を聞いてやってほしかったという気持ちはありました」

——二〇年五月二十日、中矢さんはこのグラウンドで三年生たちに甲子園の中止を伝えられています。あの日、中矢さんは『自分の言葉に自信がない』『自分の言葉が正解なのかわからない』というようなことをおっしゃっていました。あれから二年が過ぎようとして、あの夏の経験を経たいま、仮に同じことが起きたとしたら、指導者として選手たちにどのような言葉をかけますか？

「そうですね……。正直なことを言うと、僕にはまだわかりません。『甲子園がないのに野球は楽しかった』『甲子園がないから野球が楽しかったのかもしれない』というあの年の三年生たちの言葉はたしかに心に残っています。

でも、一方で『野球の楽しさ』についても考えてしまうんです。野球の楽しさって何なんですかね？　たしかに僕も楽しくて始めたはずの野球が、いつの日か、つらさに変わっていったことがありました。ふと『俺ってなんのために野球をしているのかな』と自問するときもあったんですけど、そのつらさの裏側に本当の楽しさが待っているといまでも思ってしまうんです。簡単な話をすると、結局、あの甲子園で、あの大観衆の中でやる野球が一番楽しいんじゃないかと。

昨日の大阪桐蔭と市立和歌山の試合（第九十四回選抜高等学校野球大会準々決勝）はご覧になりましたか？　最終的に17対0という大差をつけられてしまうんですけど、負けている市立和歌山の選手たちがみんなすごく楽しそうな顔をしていたんです。私にはあの気持ちがわかる気がします。きっと彼らは一分、一秒でも長くこの場所で野球をしていたいと思っていたんじゃないかと。そんな場所に子どもたちを連れていってあげたいと常に思っている私にとって、やはり甲子園の中止を告げる言葉はなかなか出てきません」

――二〇年を境にこの国の高校野球は変わると、あるいは変わったという感覚はありますか？

「それもどうなんでしょう。二〇二〇年という明確な境目があるのかはわかりませんが、少なくとも『指導』という意味においては、以前の高校野球に戻ることはないのでしょう。それこそ甲子園という場所に連れていくために、かつては頭ごなしにルールで選手を縛りつけて、それを破れば罰を与えて……といった流れがありました。指導者の思うようにならなかったら選手を殴って、『おどれすどれ』で声を上げて、保護者も『あなたが選んでそういう学校に行ったんだから』と、指導者の側に立ってくれていた。そういう時代に戻ることはないでしょうし、私自身も望んでいません」

――あらためて中矢さんの坊主頭《ぼうずあたま》についての考えを教えてください。

「そうですね。大げさなことを言うなら、私はあれを軍隊の名残じゃないかと思っているんです。野球部に入るために最初に踏み絵を踏ませるというか、上官の命令を聞かせるための第一歩であるというか。

もちろん、自分で選んで丸刈りにしているならいいんです。でも、強制的な空気がそうさせているのはどうなのかなって。だって、小学校、中学校までは髪の毛を伸ばして野球をしてきて、高校生になった途端に坊主頭にさせられて、そうかと思ったら大学ではまた伸ばしてって、普通におかしいでしょう？　たとえば小学生に『どうして高校野球だけは坊主なんですか？』と質問されたら、僕はよう答えられませんもん。その答えが明確にある指導者だったらいいんです。私はその疑問にやっぱり答えることのできない指導者ですから」

――最後の質問です。指導者としての中矢さんにとって「二〇二〇年の夏」がどういったものだったのか、教えてください。

「いままで当然あると思っていた夏の大会が突然なくなり、その場所を目指すこともできない選手たちと過ごして、ひょっとしたら私の中で甲子園の価値がまた一つ上がったのかもしれません。

いまだに練習がストップしたり、対外試合を行えなかったりということはありますが、こうして少しずつ日常を取り戻していく中で、いまは野球ができる喜びであったり、練習できる喜びであったりを痛感しています。

この日常が当然のものであるという感覚にはなれません。自分たちがこうして野球することができているのはすごく奇跡的なことなんだと。たとえば愛媛では南海トラフ地震が今後数十年の間に七十何パーセントの確率で起きると言われているわけですよね？　そうなったら、やっぱり野球どころじゃなくなるわけです。

二年前に甲子園の中止が決まったのと同じ日、今年の五月二十日。いまいる選手たちにそんな話をしようと思っています。甲子園はやはり素晴らしい場所なんだと、そこを目指せることはすごく幸せなことなんだと。

そんなことを感じさせてくれた夏でしたね」

編集部注　二〇二二年五月二日、済美高校から愛媛県高野連に対して、中矢太から田坂僚馬への監督変更届が提出された。

林和成（星稜高校監督）　四月三日・ユトリ珈琲店松任店にて

――まずは甲子園、それと十一年間の監督生活、おつかれさまでした。おそらくこれまでの人生でもそうなかったはずの、野球に対するプレッシャーのない日々を送られているのだと思います。まだ退任されて数日ですが、率直にどんなお気持ちですか？

「自分の中では意外とちゃんと整理ができているなという気がします。もう少しウズウズしたり、野球部のことが気になったりするのかなと思っていたんですけど、わりと淡々としていますね。妻の方がネットで野球部の速報を追っているくらいで（笑）。

まぁ、これまでも自粛などで家にいたことがあったので、きっとこういう生活になるのだろうと想定していたからだと思います。楽しいって言ったら語弊があるかもしれないですけど、ゆっくりした生活を送らせていただいていますよ。

大きく変わったのは、天気を気にしなくなったことでしょうか。これまではやっぱり天候にいろいろと左右されていましたから。いまは『おっ、太陽出てるわ』と思うくらいです（笑）」

――二〇年の夏、チームとしてもっとも繊細な時期に僕たちを受け入れてくださいました。林さんは大人ですし、多少のことで動じないとは思うのですが、選手たちにも自由にインタビューさせてくださったのが印象に残っています。あの時期になぜ我々を受け入れてくれたのか、教えてください。

「大前提として、取材というのは非常にありがたいものだと私は捉えています。やっぱりのちのちに残るものですし、むしろ『なんでうちなんだろう』『全国には素晴らしい学校がたくさんあるのに』と心配になるくらいで。これは早見さんたちに限りませんが、学校サイドさえオーケーなら私はなるべく受けようという考えでした。それで何か着飾るわけでもないですし、特別なことをするつもりもなかったです。本当にありのままで。

選手たちに対しても、変に浮かれることはないだろうと信頼していました。まぁ、今回の件で言うと、田村と荒井は少々乗ったのかもしれませんけど（笑）」

――この本に描いた星稜野球部の記述をどう読まれましたか？　とくにメンバー外の選手を巡る描写はある種の星稜批判にもなりかねないと思いながら書きました。率直な意見を聞かせてください。

「いえいえ、批判だなんて感じませんでしたよ。私の葛藤《かっとう》もきちんと切り取っていただきましたし、三年生だけで行くべきかどうかで揺れ動いた部分なんてその通りだったと思いながら読みました。メンバー外の描写も同じです。『星稜の野球部員であることの誇り』と書かれていた箇所がありましたよね？　あそこを読んだときなんて『なるほどな』と他人事《ひとごと》のように感心してしまいました。

たとえば私が今後他の高校の野球部を指導することになったとしたら、星稜と同じ方法でチームをまとめることはできないと思うんです。やっぱり私は自覚的な部分も、無自覚だった部分も含めて、選手の指導に星稜野球部としての一種のプライドといったものを利用していたのだと思います。そのことを再認識というか、あらためて読ませてもらったという気持ちでした。

子どもたちもみんな正直に話しているなと感じましたしね。内山が言っていたこともすごく内山らしかったですし、本心を伝えていたんだろうなと」

――その内山くんについてですが、本にも書きましたが、彼と話をするときは本当にいつも身構えていました。すごくこちらを観察しているのが伝わってきましたし、このかわいい風貌《ふうぼう》に騙《だま》されてこちらが一瞬でも大人面《おとなづら》したら簡単に足をすくわれるぞと（笑）。一回、彼にやり込められている夢を見たこともあったくらいです。大人に限らず、彼は本当に人をよく見ていましたね。

「本当に。それは私も三年間ずっと感じていたことでした。内山と話すときはとくに真剣になってしまう。心の奥まで、どこまで掘り下げて話を聞き出せるかな。こいつ、いま言っていることは本心なのかな。そんなふうに思うこともありました。

　本を読んで、内山にとって私の野球はやっぱり希望通りじゃなかったのかなとか、あの三年間はどういったものだったのかなとか、そういうことも考えさせられましたね。もっと厳しい環境で、もっと自分を飛躍させるところで、次のステージに向けてガツガツやりたいという気持ちはたぶんあったと思うんです。

　内山に限ったことではありませんが、指導者としての私の一番の願いは、教え子全員が『星稜で野球をやれて良かった』と思って卒業していってくれることなんです。それはメンバーもメンバー外も関係なく、甲子園に行くことなんか以上に。その意味において内山はどうだったのかなとやっぱり思ってしまうんですよね。

　でも、一つ上の世代に奥川（恭伸・現ヤクルト）や山瀬（慎之助・現巨人）のようなレベルの高い選手がいて、コロナで夏の大会が中止になった年にキャプテンをするという経験をして、いまプロでこうしてがんばってやっている姿を見ていると、これで良かったのかなと思うこともできるんですけどね」

——僕はある種の期待を込めて「二〇二〇年を境に高校野球の何かが変わる」と思いながら一連の取材に臨んでいました。その後も現場に居続けた林さんの目に、何か変化は映っていましたか？

「そうですね。あの時期に限ったことではないですが、たとえば『べつに甲子園を真夏にやらなくても』とか『そもそも他の球場でも』とか、そういう話がありますよね。そういった議論を否定するつもりはありませんし、考えさせられる時代であったのは間違いないとも思っていますが、正直、私は真夏の甲子園、あの炎天下の高校野球というのはこの先もあり続けてほしいと願ってしまうんです」

——坊主頭についても同じですか？

「そうですね。私には済美高校の中矢さんのような明確な意見がありません。これが選手たちの方から意志を持って、こういう理由で髪を伸ばしたいと伝えてくるのなら、考える余地はあったかもしれませんが、私の方から改革しようという気持ちになることはこれからもなかったと思います。

これは自分が古い考えの持ち主であることを承知の上で言うのですが、この国の高校野球を支えてくれているコアなファンのみなさんは、やはりあの八月に、さわやかな高校球児が一生懸命やっている、その姿に心が躍り、感動してくれているんだと思うんです。その感動の積み重ねが高校野球という文化を育み、他の国では考えられないような日本の風物詩として定着してきたんじゃないかと。それを違う時期に、べつの球場で、髪の長い球児たちが……となったら、高校野球の文化そのものが崩壊してしまうと思うんですよね。もし他校さんで教えていたら『髪を長くしてもいいよ』となっていたのかもしれません。しかし、星稜高校という伝統ある高校では、私が現役でやっている間は譲りたくないなと。

ただ、選手たちの健康問題について思うことはあります。僕たちが現役選手だった頃に比べて夏が暑くなっているのは間違いありませんし、従来のスケジュールではやはり不健康です。

なので、私は大会期間に休養日をもっと設けることが大事かなと。甲子園での一試合、あの二〜三時間の疲労度は相当なものですから。球数を制限することより、まずは日程を確保して、きちんと休息を取らせてあげること。子どもたちの健康を守るためにはそれが一番なのではないかと考えています」

——最後に、林さんにとって二〇年の夏が、「あの夏」がどういったものだったのかを教えてください。

「ひと言でいうと『難しい夏』でしたね。正解が本当に見えなかった。基本的に高校野球の最後って負けるんです。負けた上で、選手たちにどう納得して終わらせてやれるかと考えたとき、やり切ること、そのときの自分たちの力をすべて出し切らせてやることしか答えはないと思うんですよね。『俺たちはこれだけのことをやってきた』

『それでも負けてしまったら仕方がない』と、メンバー外の選手も含めたみんなが思えて、終わらせてあげるのがベストだと。

しかし、あの夏だけはそれができなかった。最初から目指すこともできなかった。甲子園で試合がしたいというところから野球を始め、その野球が高校で終わる子もいる。そこがゴール地点の子もいる。それなのに甲子園大会そのものがあの夏はなかったわけですから。落としどころというか、それでも高校野球をやってきて良かったとあの子たちに思わせてあげることがどうしたらできるのか、毎日葛藤していました。本当に難しい夏でした。ほとんどのチームが経験したことないはずの、県大会と甲子園、二回負けた夏でもありましたしね。

それでも僕は、あの年の二十七人の三年生には納得してもらえたのではないかと思っています。

短い期間の葛藤の中で、私自身は最善を尽くしたつもりです。彼らもまたグラウンドに集まれない時期も含めて、あの数ヶ月間、懸命についてきてくれました。

最後は納得……、うん、星稜でやってきて良かったなと思って卒業してくれたんじゃないですかね。私はそう信じたいと思っています」

【参考文献】
『甲子園が割れた日――松井秀喜5連続敬遠の真実――』中村計（新潮文庫）
『甲子園という病』氏原英明（新潮新書）
『空に向かってかっ飛ばせ！未来のアスリートたちへ』筒香嘉智（文藝春秋）
『野球消滅』中島大輔（新潮新書）

解説　コロナ禍の出会いが生んだ希望の物語

山本憲太郎

日本中が東京五輪の開催決定に沸いていた二〇一三年の秋口、愛媛県宇和島市の小さなスナックで、早見和真さんと初めて会った。昭和の薫りが色濃く残る城下町の、やけにケバケバしい真っ赤な照明に照らされたその店のボックス席で、早見さんは一人、明らかに地元客とは異なる雰囲気を漂わせてグラスを傾けていた。

早見さんは翌日に市内の二つの高校で開かれる講演会の講師として、私はそれを取材する愛媛新聞社宇和島支社の記者として。自社が主催者に名を連ねていたこともあり、アテンド役の営業部員のはからいで設けられた事前の顔合わせの場だった。

いまでも思い出すと恥ずかしくなるのだが、その日の私はとにかく鼻息が荒かった。というのも、早見さんのデビュー作『ひゃくはち』が、〝人生のバイブル〟と呼べるほどの愛読書だったからだ。四国の片田舎で、著者本人と会う機会があると誰が想像できただろう。ここぞとばかりに、自分も同じ補欠球児だったこと、補欠の目線で描かれた物語に衝撃を受けたこと、そして、『ひゃくはち』によって初めて物語に救われる経験をしたことを熱っぽく伝えた。早見さんは苦笑しながらも、作品にまつわる秘話や執筆への思いを聞かせてくれたのだった。

何事にも正面から向き合い、本質を見極める——。それが早見和真という小説家の覚悟であり、生み出す物語の魅力の源だとすぐに理解した。

その後、早見さんの松山市への移住と、私の本社への異動のタイミングが重なって再会し、愛媛を舞台にした創作童話『かなしきデブ猫ちゃん』のプロジェクトを一緒に立ち上げた。「すべての県民に愛される物語をつくる」「いつか世界中の人に絵本を手に愛媛を訪れてもらう」という壮大な目標を掲げる、文学による町おこしの企画だ。

これまで、いくつもの壁にぶつかりながらも共に歩んで来られたのは、企画の意義に共感したのはもちろん、何より早見さんの心根を信じたから。話題作の発表を続け、〝人気作家〟と呼ばれるようになったいまもぶれず、すべては作品のためにと覚悟を持って執筆に邁進《まいしん》する姿に全幅の信頼を寄せられるのだ。

本書『あの夏の正解』は、そんな早見さんがコロナ禍で甲子園という夢を奪われた球児たちに密着し、特別な夏の意味を問うたノンフィクションである。二〇二〇年八月から愛媛新聞で連載したルポルタージュが初出であり、私も編集者兼写真記者として取材に同行させてもらった。

はじまりはその年の五月。はじめての緊急事態宣言下、石川県金沢市で暮らす映画監督の森義隆さんから、早見さんへ送られた一通のメールだった。

〈『今年の星稜野球部にカメラを向けようと思うんだけど、どう思う？』〉

コロナ禍で野球だけを特別視していなかったという早見さんも考え始める。

〈自分のこととして考えてみようとした。でも、うまくイメージできなかった。自分があれほど高校野球に憧《あこが》れ、ひたすら打ち込み、苦しい練習に耐え、あるいはチームの中で道化を演じ、そして大人になっても裏切られたと憤《いきどお》るほど恋い焦《こ》がれていたのは、ひとえに幼い頃から「甲子園」という鮮烈な魔法をかけられていたからだ。

その魔法が効力を失ったこの夏、全国の球児たちはどう高校野球と向き合っていくのだろう。〉

知りたい——。そんなシンプルな欲求が早見さんを突き動かしていく。私の元に「こっちでも済美を追ってみない？」と誘いがあったのは、それから間もなくして。すでに腹は決まっていたようで、進行中の仕事を全てストップさせてでもやるつもりだと伝えられたのをはっきり覚えている。

あの頃、誰もが得体の知れないウイルスに翻弄《ほんろう》され、急激に様相を変えていく社会への不安に押しつぶされそうになっていた。書くことに迷いが生じたという早見さんも例外ではなかったはずだ。それでも、早見さんは光を見いだそうとした。前例のない夏を乗り越えた球児たちが辿《たど》り着くであろう〝言葉〟に、希望を託していた。

かねてから若者の可能性を信じ、彼らとも対等に向き合ってきた小説家である。自身の高校野球の経験やそれに伴う複雑な感情も含め、あの夏、あのグラウンドに早見さんが導かれたのは、必然だった気がしてならない。そして、他の誰でもなく、早見さんにしか書き得なかったのが『あの夏の正解』という作品だったと思うのだ。

愛媛・済美、石川・星稜への長期密着の中でも、早見さんからは大いに刺激を受けた。

私も十五年近いキャリアでさまざまな現場を経験してきたが、新聞やテレビの記者は即時にニュース化する必要があり、どうしても端的な回答を求めがちだ。中には自分の筋立て通りの答えだけを語らせようとする者もいる。高校野球の場合は、多くの選手が取材側の意図を理解した上で明確な言葉を返してくれるのだが、早見さんには一連の流れを含め〈それらしい意見〉としか映っていなかったという。

早見さんは、そんな表面的なやりとりを良とはしなかった。「教えを請う」というスタンスを保ちながらも、答えに疑問を持てば「どうしてそう思うの？」「もっと具体的に教えて」と続け、さらに思考することを求めた。各々の表情やチームの雰囲気に鋭く意識を向け、声掛けのタイミングに細心の注意を払っていたし、しゃべりやすい雰囲気を作るため、自身の劣等感をさらけ出すことも厭《いと》わなかった。時には、側《そば》で聞くこちらがドキリとする厳しい質問を投げ掛けることもあったが、その判断や駆け引きにも優れ、さらに相手の深部に迫っていった。十人十色の考えや感情を持つ選手たち、そして監督と本音で語り合い、刺激を与え合う様を見ていると、取材とは、する者、される者が互いを高め合う作業なのだと突きつけられるようだった。

『高校野球って甲子園がすべてなのかな？』
『君たちを支えるものは何？』
『なぜ辞めずに最後まで続けるの？』
『本気で野球をやる先に何がある？』
『このまま終わっちゃうの？』
『「もの悲しさ」の正体は何？』
『最後に泣けた？　笑えた？』